文書分類の
感覚がつかめる！

ビジネスシーン別

印紙税ハンドブック

著

税理士 小林幸夫
弁護士 長谷川卓也

清文社

はじめに

　印紙税の情報はインターネット上で容易に手に入る。「印紙税法上、これこれの文書は、印紙税法別表第一の第何号文書に該当し、印紙税は何円」という情報が欲しいなら、国税庁の「印紙税の手引き」を始めとした、インターネット上の情報だけで十分である。

　しかし、実務上の悩みは、多くの場合その情報よりも前の段階にある。目の前にある現実の文書が「印紙税法上のこれこれの文書」に分類されるのかどうかの判別の段階が、難しいのである。文書のタイトルは印紙税法上の分類の基準にならない。そもそも「覚書」などというタイトルだと何の文書に分類されるかわからないし、物的にひとつの文書であっても性質的に複数の分類の文書が含まれていることも多々ある。では印紙税法の考え方を全てマスターして文書の内容を読んで判断しよう、ということになるかというと、正論ではあるがかなり厳しいものがある。やはり、目の前の文書とサンプル文書を見比べて、「おお、これだ」と判別したいものである。

　そこで、本書は、「おお、これだ」にできるだけ効率的・正確に近づくことができる手引きとなることを目的として、次の工夫を試みた。

　　・サンプル文書を多数例示する。
　　・各サンプル文書について、その文書の意義・使用される場面、類似の文書との異同、及び文書の標準的な記載事項を解説し、目の前の文書がそのサンプル文書と同じ分類なのかを判別するための情報を十分に提供する。
　　・検索の便宜のため、サンプル文書は業種 (ビジネスシーン) 別でまとめる。

　このため、本書は、印紙税法の解説書としては類を見ないほど、サンプル文書の書式と解説が豊富な書籍となっている。契約書作成のための書式集・解説書としては書式も解説も簡素すぎるが、「今この場で使うのがこの文書で正しいのか」「大きな項目の欠落がないか」などの簡単なチェックに使う程度なら、むしろ詳細な書式集・解説書より読みやすくて便利かもしれない。

　なお、印紙税については、特に多くの質問が寄せられる事項を、「印紙税重要事項の解説」として取りまとめ、本書冒頭 ((1) 頁以降) に載録した。最初にサラッとでも読んでいただければ、印紙税のアウトラインを、おぼろげにも感じることができると思われる。

また、各文書の印紙税の解説において、他の類似文書への応用を考慮し、極力、「チェックポイント」を付加している。

　本書の試みが成功しているか、読者のみなさまからご意見をいただければ幸いである。

　本書が世に広くお役に立つ書籍となり、清文社より執筆の機会をいただいた感謝が実りとなることを切に願う。

2020年6月

税理士　　小 林　幸 夫

弁護士　　長谷川　卓 也

第3章 建設に関する文書

第4章 研究開発・製造販売に関する文書

第**5**章 卸売・小売に関する文書

第**6**章 物流・運輸に関する文書

第**7**章 作業委託に関する文書

第8章 調査委託・コンサルティングに関する文書

第9章 システム開発・ホームページ制作に関する文書

第10章 コンテンツ取引に関する文書

第11章 M&A・事業提携・事業再編に関する文書

第12章 金融取引に関する文書

◆本書の内容は、2020年6月1日現在の法令等によります。

印紙税重要事項の解説

【凡例】

印法	……………………	印紙税法
印法課税物件表	……	印紙税法別表第 1 「課税物件表」
印法通則	……………	印紙税法別表第 1 「課税物件表」の「課税物件表の適用に関する通則」
印令	……………………	印紙税法施行令
印基通	………………	印紙税法基本通達
消費税等	……………	消費税及び地方消費税

1 課税文書、非課税文書、不課税文書

(1) 課税文書とは

印紙税を納めなければならない文書のことをいう。

具体的には、印紙税法別表第 1 「課税物件表」に掲げる20種類の文書のうち、印紙税法第 5 条 (非課税文書) 等の規定により印紙税を課さないこととされている文書以外の文書のことをいう。

- 不動産等の譲渡契約書
- 借用証書
- 請負契約書
- 金銭等の受取書
- 預貯金通帳

など

(2) 非課税文書とは

「課税別件表」に掲げる文書のうち、政策上の見地から印紙税を課さないこととされている文書のことをいう。具体的には、次の 4 種類の文書がこれに該当する。

① 「課税物件表」の「非課税物件欄」に掲げる文書
- 記載された契約金額が 1 万円未満の不動産等の譲渡契約書及び請負契約書
- 記載された受取金額が 5 万円未満の金銭等の受取書

など

② 国、地方公共団体又は印紙税法別表第2「非課税法人の表」に掲げる者が作成する文書

③ 印紙税法別表第3「非課税文書の表」に掲げる文書で、特定の者が作成するもの

- 国庫金又は公金の取扱いをする者（特定の金融機関）が作成する国庫金又は公金の取扱いに関する文書

など

④ 特別法による非課税文書

- 健康保険に関する書類
- 漁船損害等補償に関する書類

など

(3) 不課税文書とは

「課税物件表」に掲げる20種類の文書以外の文書のこと、すなわち、印紙税の課税対象となっていない文書のことをいう。

- 個別の売買契約書
- 個別の委任契約書
- 建物の賃貸借契約書

など

2 契約書の意義

(1) 課税される契約書とは

課税される契約書とは、「契約証書、協定書、約定書その他名称のいかんを問わず契約（その予約を含む）の成立（更改、変更、補充を含む）を証すべき文書をいい、念書、請書その他契約の当事者の一方のみが作成する文書又は契約の当事者の全部若しくは一部の署名を欠く文書で当事者間の了解又は商慣習に基づき契約の成立等を証することとされているものを含む」こととされている（印法通則5）。

すなわち、この課税される契約書とは、契約当事者が共に署名押印の上作成する典型的な契約書（これを「共同作成文書」という）に限らず、契約当事者の一方が作成し相手方に交付する文書（これを「単独作成文書」という）であっても、契約の成立等を証明する目的で作成されるものであれば、契約書に該当することになる。

留意点❶

伝票形式の文書であっても、署名を欠く文書であっても、契約書と判断され課税される場合がある。したがって、印紙税法に規定する契約書とは、世間一般の常識

よりは広範なものとなっている。

留意点❷

　課税される契約書とは、請負契約書を例に言い換えて説明すると、「請負契約の成立等を証明する目的で作成された文書」のことをいう。

　したがって、例えば、単なる案内目的に作成された文書など、契約の成立等を証明する目的以外の目的で作成されたと判断される文書は、基本的には課税文書には該当しないことになる。

　なお、この作成目的の判断は、文書に記載された文言等に基づき客観的な観点から行うことになる。

留意点❸

　課税される契約書とは、契約の成立若しくは更改又は契約の内容の変更若しくは補充の事実を証明する目的で作成される文書をいう。

　したがって、契約の消滅の事実を証明する目的で作成される文書は、これには含まれない（印基通12条）。

（2）申込書等に係る具体的な判断ポイント

　申込書、注文書、依頼書等と表示された文書は、合意文書ではないことから、基本的には契約書には該当しない。しかしながら、契約書に該当する場合があるので、留意を要する（印基通21条）。

留意点❶

　基本契約書、規約、約款等に基づく申込みであることが記載されていて、一方の申込みにより自動的に契約が成立することになっている場合の申込書等は、課税される。

　なお、別途、基本契約書等が作成されている場合であっても、基本契約書等に基づく申込みである旨が記載されていない申込書等は、これには該当しない。

留意点❷

　見積書に基づく申込みであることが記載されている申込書等は、課税される。

　契約の相手方当事者が作成する見積書等がいわば契約の申込みであり、その見積書等に基づく申込書等は請書と同様の性格（申込みに対する承諾という性格）を有するということである。

留意点❸

　契約当事者の双方の署名又は押印がある申込書等は、課税される。

　例えば、２部提出された申込書のうちの１部に署名又は押印をして返却する場合の申込書等がこれに該当することになる。

　❶、❷のうち、契約の相手方当事者が別に請書等契約の成立を証明する文書を作成することが明記されているものは、課税されない。

　契約の相手方当事者が別に請書等契約の成立を証明する文書を作成することが記載されていれば、その文書は、客観的に申込文書であることが明らかであるから、契約書には該当しないということである。

(3) その他の単独作成文書に係る具体的な判断ポイント

　単独作成文書については、タイトル又は文中に、契約の合意を表す文言が記載されている場合には、契約書に該当することになる。

　ある文書が契約書に該当するかどうかについては、文書のタイトルは重要な判断要素になると思われる。

　単独作成文書のうち、タイトルが、念書、請書、承諾書、覚書、差入証などとなっている文書については、それだけで、「商慣習上、契約の成立を証明する文書であり、契約書に該当する」と思われる。

　文中に契約の成立を表す文言の記載がある文書は、まれな例外を除き、契約書に該当すると思われる。

　タイトルが契約書らしきタイトルになっていない文書、例えば、案内書、連絡書などであっても、文中に、契約、約定、受託、承諾、確認など、契約の成立を表す文言が記載されているものは、ほとんどの場合は「当事者間の了解があり、契約書に該当する」と思われる。

3　基本契約書（第7号文書）の範囲

　印紙税法施行令第26条において、5つのグループに区分された第7号文書の該当要件が定められているが、その中で、比較的作成機会の多い文書は、第1番目のグループに区分された、「特約店契約書」を代表例とする、売買、売買の委託、運送、運送取扱い又は請負に関する基本契約書である（印令26条一号）。

　その該当要件は、営業者の間において、二以上の取引を継続して行うため作成される契約書で、当該二以上の取引に共通して適用される取引条件のうち、①目的物の種類、②取扱数量、③単価、④対価の支払方法、⑤債務不履行の場合の損害賠償の方法又は⑥再販売価格を定めるもの、である。

　このグループに属する基本契約書の典型例は、物品売買基本契約書、運送基本

契約書、特注品の製造委託基本契約書、機械の保守契約書、清掃請負契約書、などである。

契約期間の記載のあるもののうち、その契約期間が３か月以内であり、かつ、更新に関する定めのないものは除かれる。

したがって、第７号文書として課税されるのは、

①　契約期間の定めのないもの

②　３か月を超える契約期間の定めとなっているもの

③　３か月以内の契約期間の定めとなっているが、更新の定めが併せて記載されているもの

となる。

営業者間の契約ということが該当要件の一つとなっていることから、片一方当事者が、官公庁や公益法人の場合は、これには該当しない。

対象となる契約の類型は、①売買、②売買の委託、③運送、④運送取扱い、⑤請負に限られるため、例えば、委任契約の場合は、これには該当しない。

６つの取引条件が定められているが、このうち、１つでも定めていれば、これに該当することになる。

4　請負契約書と委任契約書の判断基準

請負契約書は課税されるが、委任契約書は原則課税されない。

請負とは、当事者の一方が、ある仕事を完成することを約し、相手方がその仕事の結果に対して報酬を支払うことを約する契約で、仕事の完成と報酬の支払が対価関係に立つ契約をいう。

請負契約の例としては　各種工事、エレベータ保守、機械等の据付・修理、コンピュータソフトの開発、洋服の仕立て、広告宣伝、音楽の演奏、宿泊、結婚披露宴の引受けなどが挙げられる。

委任とは、当事者の一方が、法律行為をなすことを相手方に委託し、相手方がこれを承諾することによって成立する契約で、一般的には、相手方の知識、経験、才能等に基づく契約をいう。

委任契約の例としては　工事監理、コンサルタント、諸種の調査・研究、経営指導、診療嘱託の引受けなどが挙げられる。

委任か請負かの判断はむずかしい面もあるが、一般に、仕事の内容が特定していて、報酬の支払いが仕事の結果と対応関係にあるものは請負と、また、仕事の内容が相手方の処理に委ねられていて、仕事の成否を問わずに報酬が支払われるものは委任と解釈されている。

したがって、請負は仕事の完成が目的、委任は一定の目的に従って事務を処理すること自体が目的といわれている。

留意点❶

例えば、調査委託契約書や研究委託契約書については、一般的には委任契約書に該当するものと思われるが、「調査（研究）の結果を報告書等にとりまとめて提出させ、その成果物に対して報酬が支払われる」という約定になっている場合のその文書は、仕事の完成が目的と判断され、第2号文書に該当することになる。

留意点❷

調査委託契約や研究委託契約については、契約書上明文化されていなくても、一般的には、成果物とするかどうかは別にして、報告書を作成提出することになっていると思われるが、仮に、「報告書」が作成、提出される実態になっているとしても、契約書上に、報告書の作成と報酬の支払が対価関係に立つ旨の明確な約定の記載がない場合のその文書は、委任契約書に該当し印紙税は課税されないと思われる。

留意点❸

実務では、印紙税を意識してかどうかは分からないが、契約書の条文の中に、「本契約は準委任契約であり、請負契約ではない」と明記するものも見受けられる。

5　文書の所属の決定方法

一つの文書に、二以上の課税事項が記載されているものであっても、印紙税法では、いずれか一つの号の課税文書としてだけ課税されることになる。

すなわち、該当することとなるそれぞれの号の税額の積上げ加算はせず、したがって、所属しないこととされる号に掲げる文書の部分については、印紙税を納付する必要はないことになる。

そのため、最初に、一つの文書にどの号の課税事項が記載されているのかを判断し、これを、印紙税法別表第1の通則3の規定に従って、「いずれか一つの号の文書に所属を決定する」（これを「所属の決定」という）ことになる。

この「所属の決定」は、例外も一部あるが、基本的には、税率の高い号の文書だ

けに該当するというルールになっている。

※　末尾の【参考１】「課税物件表の２以上の号に該当する文書の所属決定表」を参照

6　変更、補充契約書の課否判断

契約の内容を変更又は補充する契約書については、「重要な事項」を変更又は補充するものだけが、再度課税されることになる。

そして、その「重要な事項」については、印紙税法基本通達別表第２「重要な事項の一覧表」に、課税文書の種類ごとに掲げられている。

※　末尾の【参考２】「印紙税法基本通達別表第２　重要な事項の一覧表」を参照

7　契約金額の変更契約書

契約金額を変更する契約書は、再度印紙税が課税されることになる。

この場合において、記載された契約金額の取扱いについては、次のようになる（印法通則４ニ、印基通30条１項）。

①　原則は、変更後の金額が記載金額となる。

②　例外として、原契約書が作成されている場合で所定の要件を充たせば、増額の場合は差額が記載金額となる。また、減額の場合は記載金額なしとされる。

留意点❶

例外の適用要件は、変更前の契約金額の記載のある文書が作成されており、かつ、変更契約書に、変更金額（差額）が記載されていることである（印法通則４ニ、印基通30条２項）。

留意点❷

変更後の金額（全額）だけを記載している場合、すなわち、変更金額（差額）の記載がない場合は、たとえ、変更前の契約書が作成されている場合であっても、変更後の契約金額（全額）が記載金額となる。

留意点❸

自動更新の定めのある原契約書の記載金額の判定に当たっては、更新前の期間のみを算出の根基として取り扱っている（印基通29条）。したがって、更新後の契約期間に係る契約金額の変更契約書を作成する場合は、更新後の期間に係る契約金額の記載のある文書は作成されていないことになるから、その変更契約書については、差額を記載金額とすることはできないので、留意する必要がある。

例えば、原契約書の更新前契約期間が2019年4月1日〜2020年3月31日で、月額単価50万円となっていたものについて、更新後の2020年4月1日〜2021年3月31日の月額単価を50万円から60万円に増額する旨の覚書を作成した場合は、差額の120万円（10万円×12か月）ではなく、720万円（60万円×12か月）が記載金額となる。

8 文書を分割作成する場合の印紙税の取扱い（記載金額の判定）

（1）所属の決定方法及び記載金額の判定方法

例えば、各種の保守契約（請負契約）において、すべての約定を1つの文書に盛り込んで作成する場合と、報酬を絶えず見直す前提として、①報酬以外のすべての約定を定める「基本契約書」と、報酬だけを定める「覚書」の2つの文書に分割して作成する場合が考えられる。

ところで、第1号文書（運送契約書など）又は第2号文書（請負契約書）と第7号文書（継続的取引の基本となる契約書）に同時該当する場合は、

① 契約金額の記載がある場合 ⇒ 第1号文書又は第2号文書
② 契約金額の記載がない場合 ⇒ 第7号文書

に所属が決定される（印法通則3イ）。

留意点❶

契約金額の記載があるかないかの判定に当たっては、当該文書に契約金額がストレートに記載されていなくても、当該文書に記載されている単価、数量、記号その他によりその契約金額等を計算することができる場合は、その計算により算出した金額が当該文書の記載金額となる（印法通則4ホ（1））。

留意点❷

契約期間の更新の定めがある文書については、更新前の期間のみをその計算の根基とする。したがって、更新後の期間は、その計算根基には含まない（印基通29条）。

留意点❸

その取引にあたって課されるべき消費税等の金額について、その金額が具体的に記載されている場合には、その金額は記載金額に含めないことになる。

（2）他の文書を引用する場合における記載金額の判定方法

他の文書を引用する文書については、記載金額及び契約期間を除き、他の文書に記載された内容は、その文書に記載されているものとしてその文書の内容を判断することになる。

① 記載金額と契約期間については、原則として、その文書に記載された事項だけで判断する（印基通4条2項）。

② 第1号文書又は第2号文書については、その文書に契約金額の記載がない場合であっても、課税文書に該当しない見積書、注文書等を引用することにより、当事者間において契約金額が明らかになるのであれば、その明らかな金額が記載金額となる（印法通則4ホ(2)）。

③ 課税文書を引用する場合は、その課税文書に記載された内容は引用しない（印基通25条2項なお書）。

《記載金額の判定方法》
［原則］⇒ その文書に記載されている事項だけで判断する。
［例外］⇒ 他の文書を引用している場合は、他の文書の記載事項を加味して、その文書の記載金額を判断する。
［例外の例外（原則に戻る）］⇒ 引用する他の文書が課税文書の場合は、その課税文書の記載事項は加味せず、その文書に記載されている事項だけで判断する。

(3) 文書を分割作成する場合の取扱い

例えば、各種の保守契約（請負契約）において、すべての約定を1つの文書に盛り込んで作成する場合で、月額単価30万円、契約期間1年又は2年間とすると、記載された契約金額は360万円（30万円×12か月）又は720万円（30万円×24か月）となり、印紙税額は2千円又は1万円となる。

これに対して、①報酬（月額単価）以外のすべての約定を定める「基本契約書」（契約期間は1年又は2年）と、②報酬（月額単価）だけを定める「覚書」の2つの文書に分割して作成する場合は、次のように取り扱われる。

イ 基本契約書

基本契約書は、契約金額の記載がないことから（計算もできないことから）、第7号文書に該当し、印紙税額は4千円となる。

ロ 覚書

① 覚書に月額単価のほか、契約期間（適用期間）が記載されている場合

覚書に、例えば、月額単価30万円、契約期間1年又は2年と記載されている場合は、記載された契約金額は360万円（30万円×12か月）又は720万円（30万円×24か月）となり、印紙税額は2千円又は1万円となる。

したがって、この場合は、基本契約書と併せて合計6千円（4千円＋2千円）又は1万4千円（4千円＋1万円）の印紙税が課税される。

② 覚書に契約期間（適用期間）が記載されていない場合

覚書に契約期間が記載されておらず、月額単価だけの記載となっている場

合は、原契約書は課税文書であるから、覚書の記載金額の判定に当たっては、その原契約書に記載された契約期間（1年又は2年）は引用しない。すなわち、覚書単独で記載金額があるか（又は計算できるか）どうかの判定をすることになるが、覚書には記載金額がない（単独で契約金額を計算することができない）ことから、第7号文書に該当し、印紙税額は4千円となる。

したがって、この場合は、基本契約書と併せて合計8千円（4千円＋4千円）の印紙税が課税される。

9 電子送信により取り交わす場合

印紙税の課税の対象は、「文書」であるから、文書を作成しない場合は、印紙税の課税機会は発生しないことになる。

例えば、注文請書のように、相手方に交付した時に納税義務が発生する単独作成文書について、文書を交付することなくFAX送信する場合は、相手方が受信した電子情報を自己においてプリントアウトし文書化したとしても、この文書は相手方から交付を受けた文書ではないことから、印紙税は課税されない。

また、文書の作成を電子メールで行う場合の手段方法は、様々なやり方があると思われるが、例えば、A社が署名押印した文書を画像化の上B社に電子送信し、B社がプリントアウトした文書にサインの上その画像化したものをA社に電子返信する場合は、双方とも、自社が所持する文書には相手方の自筆の署名等がないことになるから、これらについては、いずれも、印紙税は課税されない。

10 外国法人と取り交わす文書

印紙税法は日本の国内法であるから、その適用地域は日本国内（いわゆる本邦地域内）に限られることになる。

したがって、海外（法施行地外）で作成された文書は、たとえ、その文書に基づく権利の行使又はその文書の保存が国内（法施行地内）で行われるものであっても、日本の印紙税は課税されない（印基通49条）。

そこで、印紙税が課税されるかどうかについては、文書がいつの時点で、また、どこで作成されたことになるのかということを判断すれば、課税されるかどうかが決まることになる。

(1) 作成の時とは

印紙税の納税義務者は、課税文書の作成者であり、課税文書を作成した時に納税義務が発生することになる（印法3条、8条）。

そこで、まず「課税文書の作成」の意義を明らかにする必要があるが、「課税文書の作成」とは、単なる課税文書の調整行為をいうのではなく、課税文書となるべき用紙等に課税事項を記載し、これを当該文書の目的に従って行使することをいう（印基通44条1項）。

　そして、具体的な「作成の時」とは、①相手方に交付する目的で作成される課税文書は、その交付の時を、②契約当事者の意思の合致を証明する目的で作成される課税文書は、その証明の時（具体的には契約当事者双方の署名又は押印が出そろった時）を、③一定事項の付け込み証明をすることを目的として作成される課税文書は、その最初の付け込みの時を、④認証を受けることにより効力が生ずることとなる課税文書は、その認証の時を、⑤第5号文書のうち新設分割計画書は、本店に備え置く時を、それぞれいう（印基通44条2項）。

(2) 郵送により調印する場合

　例えば、

① 　国内法人のA社が課税事項を記載し（課税文書の調整行為を行い）、これに署名押印したもの2通を海外法人B社に郵送する。

② 　B社は、この2通に署名し、内1通は自己保管分とし、もう1通をA社に返送する。

③ 　A社は、これを国内において保管する。

という方法で作成する場合は、2通とも、契約当事者双方の署名又は押印が出そろった場所は海外であるから、海外で作成された文書に該当し、印紙税は課税されない。

　なお、文書の作成方法が、これと逆の場合は、2通とも国内で作成されたことになるから、A社が保存するものだけでなく、B社に返送する契約書にも印紙税が課税されることになる。

留意点

　海外で作成された文書を国内において保管する場合は、後日の税務調査等に備え、作成場所が海外であることの事実を何らかの方法で明らかにしておく必要があると思われる。そこで、作成した手段、経緯等をメモ化して保存する等の措置が肝要と思われる。

文書の組合せ	左の文書の所属(号)の決定	具 体 例	備 考
1号文書　3号文書〜17号文書	1号文書	不動産及び債権売買契約書（1号文書と15号文書）	（注）　通則3のイの規定により1号又は2号文書となった文書については基本通達第33条に該当する場合を除き、非課税規定（記載金額1万円未満のものの非課税）の適用はない。　ただし、基本通達第33条に該当する場合は、非課税となる。
2号文書　3号文書〜17号文書	2号文書	工事請負及びその工事の手付金の受取事実を記載した契約書（2号文書と17号文書）	
1号文書〜2号文書　17号の1文書	17号の1文書	消費貸借契約及び受取書（売掛金800万円のうち600万円を領収し、残額200万円を消費貸借の目的とするもの）（1号文書と17号の1文書）	100万円を超える受取金額の記載があり、当該受取金額が1号又は2号文書の契約金額を超えるもの又は1号及び2号文書に係る契約金額がないものに限る。
1号文書〜2号文書　7号文書	7号文書	継続する物品運送についての基本的な事項を定めた契約書で記載金額のないもの（1号文書と7号文書）	契約金額の記載のない文書に限る。
1号文書　2号文書	1号文書	請負及びその代金の消費貸借契約書（1号文書と2号文書）	
1号文書　2号文書	2号文書	機械製作及びその機械の運送契約書（機械製作費20万円、運送料10万円と区分記載されているもの）（1号文書と2号文書）	契約金額が区分記載されており2号文書に係る契約金額が1号文書に係る契約金額を超える文書に限る。

3号文書〜17号文書 / 3号文書〜17号文書	3号〜17号文書	継続する債権売買についての基本的な事項を定めた契約書（7号文書と15号文書）	記載されている事項により3号から17号までのうち最も小さい号の文書となる。
3号文書〜16号文書 / 17号の1文書	17号の1文書	債権の売買代金200万円の受取事実を記載した債権売買契約書（15号文書と17号の1文書）	100万円を超える受取金額の記載のあるものに限る。
1号文書〜17号文書 / 18号文書〜20号文書	18号〜20号文書	生命保険証券兼保険料受取通帳（10号文書と18号文書）	記載されている事項により18号から20号までのうちいずれか1の号の文書となる。
19号文書〜20号文書 / 17号の1文書	17号の1文書	下請前払金200万円の受取書と請負通帳（17号の1文書と19号文書）	100万円を超える受取金額の記載があるものに限る。
1号文書 / 19号文書〜20号文書	1号文書	契約金額が100万円の不動産売買契約書とその代金の受取通帳（1号文書と19号文書）	1号文書に係る契約金額が10万円を超える文書に限る。2022年3月31日までに作成される「不動産の譲渡に関する契約書」については、「10万円超」が「50万円超」となる。
2号文書 / 19号文書〜20号文書	2号文書	契約金額が150万円の請負契約書とその代金の受取通帳（2号文書と19号文書）	2号文書に係る契約金額が100万円を超える文書に限る。2022年3月31日までに作成される「建設工事の請負に関する契約書」については、「100万円超」が「200万円超」となる。

（注）　1　◐　2以上の課税事項が併記又は混合記載された文書の組合せ。

　　　　2　◐　黒塗りの部分に、所属が決定されることを表わす。

（13）

【参考2】印紙税法基本通達別表第2　重要な事項の一覧表

　第12条《契約書の意義》、第17条《契約の内容の変更の意義等》、第18条《契約の内容の補充の意義等》及び第38条《追記又は付け込みの範囲》の「重要な事項」とは、おおむね次に掲げる文書の区分に応じ、それぞれ次に掲げる事項（それぞれの事項と密接に関連する事項を含む。）をいう。(昭59間消3-24、平元間消3-15改正)

1　第1号の1文書
　　第1号の2文書のうち、地上権又は土地の賃借権の譲渡に関する契約書
　　第15号文書のうち、債権譲渡に関する契約書

(1)　目的物の内容

(2)　目的物の引渡方法又は引渡期日

(3)　契約金額

(4)　取扱数量

(5)　単価

(6)　契約金額の支払方法又は支払期日

(7)　割戻金等の計算方法又は支払方法

(8)　契約期間

(9)　契約に付される停止条件又は解除条件

(10)　債務不履行の場合の損害賠償の方法

2　第1号の2文書のうち、地上権又は土地の賃借権の設定に関する契約書

(1)　目的物又は被担保債権の内容

(2)　目的物の引渡方法又は引渡期日

(3)　契約金額又は根抵当権における極度金額

(4)　権利の使用料

(5)　契約金額又は権利の使用料の支払方法又は支払期日

(6)　権利の設定日若しくは設定期間又は根抵当権における確定期日

(7)　契約に付される停止条件又は解除条件

(8)　債務不履行の場合の損害賠償の方法

3　第1号の3文書

(1)　目的物の内容

(2)　目的物の引渡方法又は引渡期日

(3)　契約金額（数量）

(4)　利率又は利息金額

(5)　契約金額（数量）又は利息金額の返還（支払）方法又は返還（支払）期日

(6)　契約期間

(7)　契約に付される停止条件又は解除条件

(8)　債務不履行の場合の損害賠償の方法

4　第1号の4文書
　　第2号文書

(1)　運送又は請負の内容（方法を含む。）

(2)　運送又は請負の期日又は期限

(3)　契約金額

(4)　取扱数量

(5)　単価

(6)　契約金額の支払方法又は支払期日

(7)　割戻金等の計算方法又は支払方法

(8)　契約期間

(9)　契約に付される停止条件又は解除条件

(10)　債務不履行の場合の損害賠償の方法

5　第7号文書

(1)　令第26条《継続的取引の基本となる契約書の範囲》各号に掲げる区分に応じ、当該各号に掲げる要件

(2)　契約期間（令第26条各号に該当する文書を引用して契約期間を延長するものに限るものとし、当該延長する期間が3か月以内であり、かつ、更新に関する定めのないものを除く。）

6　第12号文書

(1)　目的物の内容

(2)　目的物の運用の方法

(3)　収益の受益者又は処分方法

(4)　元本の受益者

(5)　報酬の金額

(6)　報酬の支払方法又は支払期日

(7)　信託期間

(8)　契約に付される停止条件又は解除条件

(9)　債務不履行の場合の損害賠償の方法

7　第13号文書

(1)　保証する債務の内容

(2)　保証の種類

(3)　保証期間

(4)　保証債務の履行方法

(5)　契約に付される停止条件又は解除条件

8　第14号文書

(1)　目的物の内容

(2)　目的物の数量 (金額)

(3)　目的物の引渡方法又は引渡期日

(4)　契約金額

(5)　契約金額の支払方法又は支払期日

(6)　利率又は利息金額

(7)　寄託期間

(8)　契約に付される停止条件又は解除条件

(9)　債務不履行の場合の損害賠償の方法

9　第15号文書のうち、債務引受けに関する契約書

(1)　目的物の内容

(2)　目的物の数量（金額）

(3)　目的物の引受方法又は引受期日

(4)　契約に付される停止条件又は解除条件

(5)　債務不履行の場合の損害賠償の方法

第**1**章

各分野共通で用いられる文書

1 見積書

御見積書

令和○年○○月○○日

乙株式会社御中

甲株式会社　㊞

下記のとおりお見積り申し上げます。

（お見積り有効期限　令和○年○○月○○日）

金　　額　3,000,000円（消費税別）

摘　要	単　価	数　量	金　額	備　考

納品日：令和○年○○月○○日
納品場所：○○○○
代金支払期日：令和○年○○月○○日
決済方法：銀行振込

解　説

1 文書の意義

（1）どのような場面で使われるか

- 本書式は、受発注の前提として、商品の売主・役務の提供者が、契約前に代金の提案を行う際の見積書である。
- 本書式の見積書の法的性質は、受発注の手続が、
  - (a) ①売主が見積書を発行→②買主が見積書に承諾して発注書を発行→③売主が注文請書を発行（売主からの契約の承諾）

  と進行するときと、

(b) ①売主が見積書を発行→②買主の見積書に対する承諾を発注とみなす（③注文請書が発行されない）

と進行するときで異なる。

(a)では、「②発注書」が買主からの契約の申込み、「③注文請書」が売主からの契約の承諾（ここで契約が成立）であり、「①見積書」（本書式）は売主からの単なる契約条件の提示である。(b)では、「①見積書」が売主からの契約条件の提示かつ契約の申込みであり、「②発注書」が買主からの契約の承諾（ここで契約が成立）となる。そのため、受発注の手続が上記(a)(b)のどちらでなされるかにより、記載すべき事項が変わってくる。当事者間に継続的取引基本契約書（書式 **30** など）があれば、そこに定められる個別契約成立の手続がどうなっているか、そのような契約書がなければ実務上の取扱いがどのようになっているかを、確認する必要がある。

（2）類似の書面との異同

- 上記のとおり、受発注の手続が上記(a)(b)のどちらでなされるかにより、書式 **2** の注文書及び注文請書との関係が変わってくる。

2 標準的な記載事項

- 見積りの対象となる商品又は役務の種類及び数量
- 見積りの金額。各商品又は役務ごとの単価と合計額。及び見積総額
- 多くの場合、見積りの有効期間が記載される。
- 受発注手続について上記(b)をとり、見積書に対する承諾をそのまま発注とみなす場合には、見積書が契約の申込みになるので、見積書に先立って又は同時に、契約で通常定めるべき事項、すなわち納品や代金の支払期限に関する事項などの記載が、提示されている必要がある。そのため、継続的取引基本契約書などで別に示されていない限り、これらの項目も、見積書に記載されていることが必要となる。

.... 印 紙 税 ....

◢ 結論

課税文書には該当しない。

◢ 解説 （印紙税重要事項の解説 **2** 参照）

印紙税の課税の対象となるのは、請負契約などの合意文書、すなわち、契約書であるから、契約書に該当しない見積書は課税されない。

◤ チェックポイント

　前述(a)の手続でなされる場合で「②買主が見積書に承諾して発注書を発行」するときの、その発注書（見積書に基づく申込みであることが記載されているもの）については、国税当局は原則として別途請書等を作成することが記載されているものを除き、契約書に該当すると判断している（印基通21条）。

　したがって、別途、請書等を発行するのであれば、その発注書には、その旨の記載（「お引受けの際は請書を提出してください」などの記載）をすべきである。そうしないと、請書だけでなく、発注書も課税される可能性が高いと思われる。

2 注文書及び注文請書

発　注　書

令和○年○○月○○日

甲株式会社御中

　　　　　　　　　　　住所　○○○○○○

　　　　　　　　　　　乙株式会社　印

下記のとおり発注致します。

記

品　名	数　量	単　価	金　額
		小　計	3,000,000
納品期限　　令和○年○○月○○日		消費税	300,000
納品場所　　○○○○○○		合　計	3,300,000

注　文　請　書

上記のご注文を承りました。

　　令和○年○○月○○日

　　　　　　　　　　　　　　　甲株式会社○○○○　印

解　説

1 文書の意義

(1) どのような場面で使われるか

• 本書式は、商品や役務の提供を受ける発注者が受注者に対して発注する発注書、及びこれに対して受注者が発注者に発注の承諾を通知する注文請書である。

- 継続的取引基本契約書（書式 **30**、**32**、**38** など）に定められる個別契約を成立させる個別契約書として用いられることも多い。
- 本書式の注文書及び注文請書の法的性質は、受発注の手続が、
  - (a) ①売主が見積書を発行→②買主が見積書に承諾して発注書を発行→③売主が注文請書を発行（売主からの契約の承諾）

  と進行するときと、
  - (b) ①売主が見積書を発行→②買主の見積書に対する承諾を発注とみなす（③注文請書が発行されない）

  と進行するときで異なる。

  　(a)では、「②発注書」が買主からの契約の申込み、「③注文請書」が売主からの契約の承諾（ここで契約が成立）であり、「①見積書」（本書式）は売主からの単なる契約条件の提示である。(b)では、「①見積書」が売主からの契約条件の提示かつ契約の申込みであり、「②発注書」が買主からの契約の承諾（ここで契約が成立）となる。そのため、受発注の手続が上記(a)(b)のどちらでなされるかにより、記載すべき事項が変わってくる。当事者間に継続的取引基本契約書（書式 **30** など）があれば、そこに定められる個別契約成立の手続がどのようになっているか、そのような契約書がなければ実務上の取扱いがどのようになっているかを確認する必要がある。

（2）類似の書面との異同

- 上述のとおり、受発注の手続が上記(a)(b)のどちらでなされるかにより、書式 **1** の見積書と本書式の注文書の関係が変わってくる。
- 本書式が、継続的取引基本契約書（書式 **30**、**32**、**38** など）の個別契約書として用いられる場合がある。かかる個別契約書の書式として書式 **31** が挙げられているが、本書式とは表現様式が異なるだけで、法的には全く同内容であり、必要となる記載事項も全く同じとなる。

2　標準的な記載事項

- 発注の目的物である商品又は役務の種類と数量
- 発注額。各商品又は役務ごとの単価と合計額、及び発注総額
- 納期及び納入場所
- 発注書については、発注日。受発注の手続次第では、この日が契約成立日となる。
- 注文請書については、注文を請けた旨。受発注の手続次第では、この日が契約成立日となる。
- 受発注手続について上記(b)をとる場合には、発注書が契約の申込みになるので、

発注書に先立って又は同時に、契約で通常定めるべき事項、すなわち納品や代金の支払期限に関する事項などの記載が、提示されている必要がある。そのため、継続的取引基本契約書などで別に示されていない限り、これらの項目も、見積書か発注書に記載されていることが必要となる（受発注手続について上記(a)をとる場合には、見積書の段階でこれが提示されているはずである）。

印 紙 税

◢ 結論

乙が作成し甲に交付する「発注書」は課税文書には該当しない。

この「発注書」の下部の「注文請書」欄に甲が署名・押印し乙に返戻する場合は、その文書は契約書に該当する。この場合の文書の作成者（課税文書に該当する場合の納税義務者）は、甲となる。

なお、規格品の注文請書は売買契約書に該当し、印紙税は課税されないが、特別注文品の注文請書は請負契約書に該当し、印紙税（契約金額が300万円の場合は1千円）が課税される。

◢ 解説（印紙税重要事項の解説 **2** 参照）

印紙税の課税の対象となるのは、請負契約などの合意文書、すなわち、契約書であるから、契約書に該当しない段階で作成される「発注書」は課税されない。

しかしながら、承諾した段階で作成される「注文請書」は契約書に該当する。

通常の領収書

領収書

令和○年○○月○○日

　　乙株式会社　御中

金3,300,000円

内訳：　税抜金額　　　　　　　　　　　　　　3,000,000円

　　　　消費税等　　　　　　　　　　　　　　300,000円

ただし、_____として

甲株式会社　㊞

解　説

1　文書の意義

（1）どのような場面で使われるか

- 本書式は、商品や役務の代金等を現金や振込で領収した場合に使う領収書である。

（2）類似の書面との異同

- 代金等をクレジットカードによる支払で領収した場合の領収書については、書式 **3-2** を参照されたい。

2　標準的な記載事項

- 宛名
- 領収金額
- 領収金額を領収した旨
- 何の金銭として領収したか（ただし書き）。
- 領収日

◤ 結論

　300万円を記載金額とする第17号の1文書 (売上代金に係る金銭等の受取書) に該当し、600円の印紙税が課税される。

◤ 解説

　具体的に記載されている消費税等の額は、記載金額から除かれる。

◤ チェックポイント

　消費税等の額が具体的に記載されていない場合、例えば、「330万円 (消費税等込み)」と記載されている場合は、330万円が記載金額となる。

　なお、「売買金額 (又は請負金額) 330万円、税抜価格300万円」と記載されている場合は、300万円が記載金額となる。

領収書

令和○年○○月○○日

_____乙_____様

クレジットカード利用

金55,000円

内訳： 税抜金額　　　　　　　　　　　　　　50,000円
　　　　消費税等　　　　　　　　　　　　　　5,000円

ただし、_____として

甲株式会社　㊞

解　説

1 文書の意義

(1) どのような場面で使われるか

- 本書式は、商品や役務の代金等を、クレジットカードを利用した支払で領収した場合に使う領収書である。もっとも、クレジットカードを利用した支払の場合、店舗が代金を領収したのはクレジットカード会社からであって、領収書を交付する宛先の者からではない。そのため、本書面は、領収書というタイトルが付いていても、証明している対象は、「宛先の者が支払って、発行者が領収したこと」ではなく、「クレジットカード会社が支払って、発行者が領収したこと」になる。

(2) 類似の書面との異同

- 代金等を現金や振込で領収した場合の領収書については、書式 3-1 を参照されたい。

2 標準的な記載事項

- 宛名
- 金額
- 領収金額を領収した旨。ただし、証明するのは「宛先の者が支払って、発行者が領収したこと」ではなく、「クレジットカード会社が支払って、発行者が領収した」ことなので、クレジットカード利用の支払であることが必ず付記されることになる。
- 何の金銭として領収したか（ただし書き）。
- 日付

.... 印 紙 税 ....

◤ 結論

課税文書には該当しない。

◤ 解説

印紙税の課税の対象となるのは、金銭又は有価証券を受け取った場合に作成する文書であるが、クレジットカード利用による場合は、金銭又は有価証券の受領事実がないことから、第17号文書には該当しない。

◤ チェックポイント

クレジットカード利用の場合であっても、その旨の記載がないときは、第17号文書に該当する。

4 確認書

確認書

委託者〇〇〇〇（以下「甲」という。）及び受託者乙〇〇〇〇（以下「乙」という。）は、甲乙間の令和〇年〇〇月〇〇日付「業務委託基本契約書」（以下「原契約」という。）につき、以下のとおり確認した。

第1条　原契約第1条に定める本件業務には、以下の業務を含むものとする。
 （1）　（略）
 （2）　（略）

第2条　原契約第1条に定める本件業務には、以下の業務を含まないものとし、甲が乙にこれを委託する場合、委託費その他の条件について、甲乙が協議して決定するものとする。
 （1）　（略）
 （2）　（略）

第3条　本覚書に定めのない事項は、原契約のとおりとする。

 令和〇年〇〇月〇〇日
 甲　〇　〇　〇　〇　㊞　　　　乙　〇　〇　〇　〇　㊞

解　説

1 文書の意義

（1）どのような場面で使われるか

- 本書式は、契約書の内容が不完全な場合において、それを補う定めをするときに用いる確認書である。確認の対象は、商品や役務の内容、代金額など様々である。

（2）類似の書面との異同

- 変更契約書（書式 25 〜 27 、 48 、 55 など）と、契約の内容を部分的に合意するという意味では同様であるが、本書式は必ずしも契約の内容の変更を伴わないものである。

2 標準的な記載事項

- 確認する対象となる原契約の表示。契約の特定は、契約当事者、契約締結日、契約名称によってするのが通常である。
- 確認する事項。商品や役務の内容、代金額など様々である。「原契約第○条に定める……について、……であることを確認する」と表現される。

印 紙 税

結論

原契約書が第7号文書（継続的取引の基本となる契約書）に該当する場合は、この確認書も第7号文書に該当し、印紙税額は4千円となる。

解説（印紙税重要事項の解説 3 、6 参照）

原契約書が売買、売買の委託、運送、請負に関する基本契約書の場合は、その原契約書は、原則、第7号文書に該当する。

この場合において、委託する業務の範囲を拡張又は縮小するときに作成する合意文書は、いずれも、目的物の種類（原契約書の重要事項）を変更するものであるから、再度第7号文書として課税される。

チェックポイント

契約の内容を変更又は補充する合意文書は、印紙税法上の重要な事項を変更又は補充するものに限り、再度課税される。

5 解約合意書

解約合意書

委託者　○○○○（以下「甲」という。）及び受託者　○○○○（以下「乙」という。）は、甲乙間の令和○年○○月○○日付「業務委託契約書」（以下「原契約」という。）につき、以下のとおり解約することを合意した。

第1条　解約合意

甲及び乙は、原契約を、令和○年○○月○○日をもって解約する。

第2条　業務委託費の清算

令和○年○○月分の業務委託費については日割り計算とし、乙は甲に対して、○○○○円を、令和○年○○月○○日限り乙の別途指定する金融機関口座に振り込んで返金する。

第3条　乙の業務の引き継ぎ

（以下略）

令和○年○○月○○日

甲　○　○　○　○　㊞　　　　　　乙　○　○　○　○　㊞

解　説

1 文書の意義

（1）どのような場面で使われるか

- 本書式は、契約を契約当事者の合意で解除するときに用いる合意書（契約書）である。どのような契約についても同様に使用できる。
- 合意解除は、新たな契約の一種である。契約当事者の一方が契約に違反した場合に、他の契約当事者が民法等に基づき一方的に契約を解除（債務不履行解除）できる場合があるが、本書式で定める合意解除契約とは異なる。
- また、契約そのものに契約当事者の一方から解除できる約定があり、当該約定に

基づいて一方的に契約を解除できる場合があるが、本書式で定める合意解除契約とは異なる。

- 「解除」と「解約」の用語の違いについて、「解除」は契約が遡及的に消滅する場合をいい、「解約」は契約が将来に向かって消滅する場合をいう、という説明をされることがある。しかし、「将来に向かって解除する」という言い方もあり、両者の区別はさほど厳密なものでもない。
- 解除後の処理が定められることが多く、その場合は和解契約（書式 **6** の和解書を参照）の性質を含むことがある。

（2）類似の書面との異同

- 契約当事者の一方が契約に違反した場合に、他の契約当事者が民法等に基づき一方的に行う契約の解除（債務不履行解除）は、解除する契約当事者からの通知によって行われる。
- 契約そのものに契約当事者の一方から解除できる約定があり、当該約定に基づいて一方的に行う契約の解除も、解除する契約当事者からの通知によって行われる。

2 標準的な記載事項

- 解除の対象となる契約の特定。契約当事者、契約締結日、契約名称によって特定するのが通常である。
- 対象となる契約を解除する合意
- 金銭の清算（損害賠償を含む）、物品の返還、第三者への承継など、解除に伴って発生する処理
- 解除後も残存する義務（秘密保持など）に関する定め

────────────────── 印 紙 税 ──────────────────

■ 結論

課税文書には該当しない。

■ 解説 （印紙税重要事項の解説 **2** 参照）

印紙税が課税される契約書とは、契約の成立等の事実を証明する目的で作成する文書をいう。したがって、契約の消滅の事実を証明する目的で作成する文書はこれには含まれない。

6 和解書

和解書

　甲及び乙は、甲が○○○○（以下「丙」という。）より相続して所有する下記土地（以下「本件土地」という。）を、丙の生前より継続して乙が使用している件につき、以下のとおり和解すること合意した。

　　　物件の表示
　　　　所在　　　　　　　　地番
　　　　地目　　　　　　　　地積

1　乙は、丙の死亡日から本日までの本件土地の賃料相当額として１５万円を、本日、本和解書締結の席上で、甲に対して、現金で交付して支払った。
2　甲は、乙に対して本件土地を売り渡し、乙はこれを買い受ける。
3　甲は、速やかに、本件土地の売買による丙から甲への相続に基づく所有権移転登記、及び甲から乙への売買に基づく所有権移転登記に必要な書類を一式整え、乙に対して交付する。登記費用はいずれも乙の負担とする。
4　乙は、前項の登記関係書類の受領と引き換えに、本件土地の対価として、金100万円の現金を、甲に対して交付する。
5　甲及び乙は、本和解書に定めるほか、甲と乙との間に何らの債権債務関係がないことを、相互に確認する。

　令和○年○○月○○日
　甲　　○　○　○　○　㊞　　　　　乙　　○　○　○　○　㊞

解 説

1 文書の意義

（1）どのような場面で使われるか

・本書式は、当事者間に存在する法律関係の争いについて当事者が相互に譲歩して

争いを止める合意の書面である。契約上の紛争、本件のような物件・債権に関する紛争、交通事故や犯罪の示談などの場合に使われる。「和解書」「示談書」「合意書」「覚書」など様々なタイトルが用いられるが、法律的にはすべて和解契約という。

(2) 類似の書面との異同

- 債務の存在を承認して弁済などを約する契約であるが、書式 **8** の債務承認弁済契約が債務者による債権者に対する債務の承認を一方的に定めるのと異なり、本書式の和解契約は双方が債権者・債務者となって債務を承認しあうことがあったり、債務の減額や放棄（後述の清算条項による双方の放棄を含む）を定めたりする点で、双方の情報が示される和解契約となっている。

2 標準的な記載事項

- 和解の対象となる法的紛争の表示
- 和解によって交付される金銭や物の額・内容とその弁済条件
- 債務の減額や免除など、争いを止めるための譲歩条件
- 「当事者双方が相手方に対して何らの債権債務を有しないことを確認する」旨の確認条項。「清算条項」という。当事者間に、和解の対象となる法的紛争と別に、通常の取引債務など他の債権債務が存在する場合は、それらを除外するために「本件に関して何らの債権債務……」と限定されることもある。

.... 印 紙 税 ....

◢ 結論

　100万円を記載金額とする第1号の1文書（不動産の譲渡に関する契約書）に該当し、500円の印紙税が課税される。

◢ 解説

　和解書ではあるが、土地を100万円で譲渡することを約しているから、第1号の1文書に該当する。なお、2022年3月31日までに作成される文書については、税額の軽減措置が講じられている。

◢ チェックポイント

　示談を成立させるために、当事者の一方の相手方に金銭若しくは有価証券又は物品を給付することとしている場合のその文書は、課税されない。

債権譲渡契約書

債権譲渡契約書

　○○○○（以下「甲」という。）及び○○○○（以下「乙」という。）は、甲の債務者○○○○（以下「丙」という。）に対する債権を乙に譲渡することにつき以下のとおり合意し、丙はこれを異議なく承諾した。

第1条　債権譲渡

　　甲は、甲の丙に対する以下の債権を乙に譲渡し、乙はこれを譲り受ける。

　　［譲渡債権の表示］

　　　甲丙間の令和○年○○月○○日付金銭消費貸借契約に基づく以下の債権

　　(1)　元本　金○○○○円

　　(2)　利息　年○○％（年365日日割計算）

　　(3)　遅延損害金　年○○％（年365日日割計算）

第2条　譲渡代金

　1　第1条の債権譲渡の譲渡代金は、金○○○○円とする。

　2　乙は、令和○年○○月○○日限り、甲に対し、第1項の譲渡代金を、別途甲の指定する金融機関の口座へ振り込んで支払う。

第3条　対抗要件具備

　　丙は、第1条の債権譲渡を、異議なく承諾する。

　（以下略）

　令和○年○○月○○日

　甲　○　○　○　○　印　　　　　　乙　○　○　○　○　印

　丙　○　○　○　○　印

1 文書の意義

(1) どのような場面で使われるか

- 本書式は、債権を譲渡する際に用いる契約書である。
- 債権譲渡がなされる目的としては、(a)譲渡人が資金調達をするため、(b)譲渡人が譲受人に対して債務の弁済にかかる担保提供をするためであることが多い。(a)の場合は、取引にかかる売掛金などを集合的に債権譲渡を行い、それを担保に金融を得る。これを「集合債権譲渡担保」という。なお、集合債権譲渡担保については特殊な登記の制度がある。

(2) 類似の書面との異同

- 上記の集合債権譲渡担保の場合、書式 **93** の集合動産譲渡担保契約と本書式の中間のような書式になる。
- 債権者を変更するのが本書式であり、債務者を変更するのが書式 **91** の債務引受契約書である。

2 標準的な記載事項

- 契約当事者として、譲渡人と譲受人のほかに、第三債務者 (譲渡対象となる債権の債務者) が加わることがある。債権譲渡契約は、基本的には譲渡人と譲受人で行うことができるが、譲受人が第三者に対して自己の権利を確定的に主張するための対抗要件として、第三債務者に対する通知又は第三債務者の異議なき承諾が必要となる。そこで、第三債務者の異議なき承諾があったことを明らかにし、第三債務者から譲受人に対する弁済の意思を明らかにするために、第三債務者を当事者に加えるのである。
- 譲渡の対象となる債権の特定。債権の特定は、債権者、債務者、発生原因の契約と債権額でするのが通常である。一定期間に発生する債権を集合的に譲渡するときは、金額が未確定なので、金額の代わりに発生期間を特定して行う。
- 担保に供する目的で契約されることが多いため、譲渡代金は定められないことが多いが、もし定められる場合はその金額、支払の時期や方法。
- 対抗要件具備の時期や方法。債権譲渡の対抗要件は債権譲渡通知又は債務者の異議なき承諾である。いずれの対抗要件を具備するにしても、その手続は契約と同時に行われることが多い。

- 引き渡すべき債権証書がある場合、引渡しの時期や方法
- 目的物に契約不適合 (改正前民法の「瑕疵」) があった場合の責任や処理。譲渡された債権が回収不能になった場合の処理などが定められる。

・・・・・・・・・・・・・・・・・・・・・・・・・・・・・・・・ 印 紙 税 ・・・・・・・・・・・・・・・・・・・・・・・・・・・・・・・・

◢ 結論

第15号文書 (債権譲渡に関する契約書) に該当し、200円の印紙税が課税される。

なお、契約金額が1万円未満のものは非課税文書に該当する。

◢ 解説

甲が債権を第三者乙に譲渡することを内容とする契約書であることから、第15号文書に該当する。

◢ チェックポイント

旧債権者甲と新債権者乙が連署する方式のものだけではなく、債務者丙がこれを承諾することを併せて証明する三者契約書も第15号文書に該当する。

なお、債権譲渡契約書が甲と乙の二者契約書であって、別に、甲が丙から「債権譲渡契承諾書」を徴求する場合のその文書は、第15号文書には該当せず、印紙税は課税されない。

8 債務承認弁済契約書

債務承認弁済契約書

　○○○○（以下「甲」という。）及び○○○○（以下「乙」という。）は、以下のとおり債務承認弁済契約を締結する。

第1条　債務承認

　　乙は、甲に対し、令和○年○○月○○日第○○号請求書記載の○○工事請負代金債務1100万円（消費税込）の支払義務があることを認める。

第2条　支払方法

　1　乙は、令和○年○○月○○日限り、前条の代金債務のうち、660万円を、別途甲の指定する金融機関の口座へ振り込んで支払う。

　2　前項の支払が期限内に行われたときは、甲は、乙に対し、前条の代金債務のうち、その余の440万円の支払義務を免除する。

　3　第1項の支払が期限内に行われなかったときは、乙は、甲に対し、直ちに前条の代金債務の全額及びこれに対する支払済みに至るまでの年18％の割合による遅延損害金を支払う。

　（以下略）

　令和○年○○月○○日

　甲　　○　○　○　○　㊞　　　　　乙　　○　○　○　○　㊞

解　説

1 文書の意義

（1）どのような場面で使われるか

- 本書式は、債務の存在や支払条件を確認したり変更したりする際に用いる契約書である。

- 実務上使用されるケースとしては、①もともと債務の発生を示す書面が作成されて

いなかった場合、②債務の発生や一部弁済が複数回にわたっていて、現在の残債務の状況を確認する必要がある場合、③返済が滞っているので支払の確約をさせたり時効消滅を中断させたりする必要がある場合である。

- 返済条件の変更を伴うものも多い。
- 債務の存在や支払義務の発生について紛争があって、その解決として本書面が作成される場合は、和解契約の性質をもつ。

(2) 類似の書面との異同

- 書式 **25**、**26**、**28** など債務の額を変更する書面は、基本的には本書面と同一の法的効果を有する。
- 債務の存在や支払義務の発生について紛争があって、その解決として本書面が作成される場合は、書式 **6** の和解書と同様に和解契約の性質を有する。

2 標準的な記載事項

- 債務の発生原因。省略される場合もあるが、法律的観点からは特定されているほうが望ましい。契約で特定する場合は、契約当事者、契約締結日、契約名称によってするのが通常である。債務が記載される請求書の特定などによっても特定できる。
- 債務の残額
- 弁済を約束する文言
- 弁済条件を変更する場合は、変更後の弁済条件
- 一定の返済を前提に、残債務の免除を定めるケースもある。

.... 印 紙 税 ....

◢ 結論

　記載金額のない第2号文書 (請負に関する契約書) に該当し、200円の印紙税が課税される。

◢ 解説 (印紙税重要事項の解説 **6** 参照)

　原契約である請負について、現に負担する債務を確認すると同時に、その残債の支払方法及び債務不履行の場合の損害賠償の方法を定めているが、これらの事項は、請負契約の重要な事項に該当するので、課税されることになる。

　残債を単に確認するものであって、残債の支払方法等は原契約書に定めた約定による場合は、その文書、例えば「債務承認書」は課税文書には該当しない。

9 相殺合意書

覚　書

　○○○○株式会社（以下「甲」という。）及び○○○○株式会社（以下「乙」という。）は、本日、以下のとおり合意する。

1　甲は、乙に対し、令和○年○○月○○日第○○号請求書記載の○○工事請負代金債務1100万円（消費税込）の支払義務があることを認める。
2　乙は、甲に対し、令和○年○○月○○日付借用書記載の借入金債務300万円の支払義務があることを認める。
3　甲及び乙は、１項に基づく甲の乙に対する債務と、２項に基づく乙の甲に対する債務を、対等額で相殺する。
4　甲は、前項の相殺後の残債務800万円を、令和○年○○月○○日限り、別途乙の指定する金融機関の口座へ振り込んで支払う。

以上のとおりの合意が成立したことを証するため、甲乙は覚書２通を作成し、各自１通を保有するものとする。

　　令和○年○○月○○日
　　甲　　○　○　○　○　㊞　　　　　　乙　　○　○　○　○　㊞

解　説

1 文書の意義

（1）どのような場面で使われるか

- 本書式は、当事者双方が金銭債権を有している場合において、合意で相殺するときに用いる契約書である。
- 相殺による合意は、新たな契約の一種である。当事者双方が有する債権が一定の法定の要件を満たした場合には、民法に基づく当事者の一方の意思表示で相殺を

行うことができるが、本書式で定める相殺の合意とは異なる。

（2）類似の書面との異同

- 当事者双方が有する債権が一定の法定の要件を満たした場合には、民法に基づく当事者の一方の意思表示で行う相殺は、相殺する契約当事者からの通知によって行われる。
- 書式 **8** の債務承認弁済契約の一面も有する。

2 標準的な記載事項

- 相殺に供される双方向の債権の特定。債権の特定は、債権者、債務者、発生原因の契約と債権額でするのが通常である。
- 相殺の合意。「甲の乙に対する…の債務と、乙の甲に対する…の債務を、対等額で相殺する」などと表現される。

・・・・・・・・・・・・・・・・・・・・・・・・・・・・・・ 印 紙 税 ・・・・・・・・・・・・・・・・・・・・・・・・・・・・・・

◪ 結 論

記載金額のない第1号の3文書（消費貸借に関する契約書）に該当し、200円の印紙税が課税される。

◪ 解 説（印紙税重要事項の解説 **5** 、 **6** 参照）

原契約は、消費貸借と請負であるが、それらの相互の債務について相殺するという約定は、原契約書の重要な事項である「契約金額の支払方法」を変更するものである。

したがって、課税されることになる。

なお、この文書は、第1号の3文書（消費貸借に関する契約）と第2号文書（請負に関する契約書）に同時該当するが、通則3のロの規定により、第1号の3文書に所属が決定される。

秘密保持契約書

秘密保持契約書

　○○○○（以下「甲」という。）と○○○○（以下「乙」という。）は、甲乙間の継続的取引契約締結（以下「本件取引」という。）について、以下のとおり秘密保持契約を締結する。

第1条　秘密情報

　本契約における秘密情報とは、甲乙間の本件取引に関して、甲又は乙が相手方当事者に対して直接的又は間接的に開示するすべての情報をいう。ただし、①開示時点で、すでに公知又は一般に入手可能であった情報、②開示後に、受領者の行為によらずに公知又は一般に入手可能になった情報、③開示時点で、受領者がすでに所有していたことを証明し得る情報、④開示後に、受領者が秘密情報を用いずに独自に開発したことを証明し得る情報、⑤開示の前後を問わず、受領者が第三者から秘密保持義務を課されることなく正当に入手した情報は、秘密情報に該当しないものとする。

第2条　秘密情報の管理

　受領者は、開示者から秘密として受けた情報を、現に秘密に保持しなければならない。

第3条　秘密情報の目的外使用の禁止

　受領者は、開示者の秘密情報を、本件取引開始への交渉及び本件取引の目的にのみ使用することができ、それ以外の目的のために使用してはならない。

第4条　秘密情報の第三者に対する開示の禁止

　受領者は、開示者の事前の書面による承諾なく、開示者の秘密情報を第三者に対し開示してはならない。

第5条　秘密情報の返却及び破棄

　受領者は、本件取引が終了し、開示者から請求があった場合、開示者の指示に従い、開示者の秘密情報の媒体の原本及びその複製品を返却し、又は破棄した上その旨を開示者に通知しなければならない。

第6条　秘密情報の遺漏の場合の賠償責任

　　受領者が本契約の定めに違反して、開示者が損害を被った場合、開示者は、受領者に対して損害の賠償を請求できる。

　　（以下略）

　　令和○年○○月○○日
　　甲　　○　○　○　○　　㊞　　　　　　乙　　○　○　○　○　　㊞

解　説

1　文書の意義

（1）どのような場面で使われるか

- 本書式は、取引関係に入ろうとする当事者が、取引に関して秘密情報を開示する場合に、その秘密として管理を約束する際に用いる契約書である。秘密情報が開示される取引であれば、あらゆる取引の前に用いられるが、特に、技術情報が開示される共同開発契約や経営情報が開示されるM&A分野での契約などでは必須である。

（2）類似の書面との異同

- 「秘密保持契約」のほか「機密保持契約」と呼ばれることもあるが、何が「秘密」「機密」であるかは、結局は契約書での定義によって決まるものであって、「秘密」「機密」の用語そのものの違いは、語感・イメージはともかく、法律的にはない。
- 個人情報保護の約定と混同されることがしばしばあるが、個人情報保護は個人情報の本人のプライバシー権を保護するものである。これに対して、秘密保持は個人情報を含む情報一般の保有者の権利（不正競争防止法によって保護されている）を保護するものである。

2　標準的な記載事項

- 秘密情報の定義。「秘密として指定された情報」とするか「すべての情報」とするかにより範囲が大きく変わってくる。
- 秘密としての管理義務
- 目的外使用の禁止
- 第三者提供の制限

- 秘密情報の返却・廃棄
- 有効期限が定められることもある。ただし、有効期限後には秘密情報を自由に開示してよいという契約は少なく、管理義務、目的外使用の禁止、第三者提供の制限などについては、契約終了後の効力残存条項が置かれることが多い。

・・・・・・・・・・・・・・・・・・・・・・・・・・・・・・ 印 紙 税 ・・・・・・・・・・・・・・・・・・・・・・・・・・・・・・

◢ 結論

課税文書には該当しない。

◢ 解説（印紙税重要事項の解説 6 参照）

原契約書は、第1号文書若しくは第2号文書又は第7号文書に該当すると思われるが、「秘密保持に関する約定」は、いずれの文書においても、重要な事項には該当しない。したがって、再度課税されることはない。

◢ チェックポイント

契約の内容を変更又は補充する合意文書は、印紙税法上の重要な事項を変更又は補充するものに限り、再度課税される。

第2章

不動産取引に関する文書

11 土地売買契約

土地売買契約書

売主○○○○（以下「甲」という。）と買主○○○○（以下「乙」という。）は、以下のとおり土地売買契約を締結する。

第1条　売買の目的

　　甲は、自己の所有する末尾記載の土地（以下「本件土地」という。）を乙に売り渡し、乙はこれを買い受ける。

第2条　公簿売買

　　本件土地の売買面積は、末尾記載の登記簿上の表示面積によるものとし、本件土地の登記簿上の面積と実測面積とが相違した場合であっても、甲及び乙は相互に相手方に対し売買代金の増減等一切異議・請求を申し述べない。

第3条　売買代金

　　本件土地の売買代金は、2500万円（1㎡当たり20万円）とする。

第4条　売買代金の支払

　　乙は、第3条の売買代金を、令和○年○○月○○日に、現金で甲に支払う。

第5条　引渡し

　　甲は、第4条の規定による本件土地の売買代金の受領と同時に、本件土地を乙に対して引き渡す。

第6条　所有権の移転

　　本件土地の所有権は、第5条に基づく本件土地の引渡しと同時に、甲から乙に移転する。

第7条　所有権移転登記

　1　甲は、売買代金全額の受領と同時に、乙又は乙が指定する者の名義にするために、本物件の所有権等移転登記申請手続をしなければならない。

　2　権利移転の登記申請手続に要する費用は、乙の負担とする。

　（以下略）

　令和○年○○月○○日

甲　　○　○　○　○　印　　　　　　乙　　○　○　○　○　印

　　物件の表示
　　　所在：○○○○
　　　地番：○番○
　　　地目：宅地
　　　地積：125.00㎡

解　説

1　文書の意義

(1) どのような場面で使われるか

- 本書式は、土地の売買に用いる契約書である。

(2) 類似の書面との異同

- 売買契約書と同様の内容が記載される書面で、不動産登記に際して「売渡証書」という書面が作成されることがある。売買契約書と同様に、不動産の特定とこれを売買した旨が記載され、売主・買主が押印する。「売渡証書」は、登記にあたって登記原因証明情報として用いるために、売買契約から登記に必要な情報のみを引き写したものであって、通常は代金を書かずに作成する。
- また、売買契約書と同様の内容が記載される書面で、不動産の契約書の締結に際して「重要事項説明書」という書面が作成されることがある。これも、売買契約書と同様に、不動産の特定とこれを売買した旨が記載され、売主・買主が押印する。これは素人には一見してわかりづらい不動産の客観的状況や権利関係・用法等の制限の有無などを説明したことを確認する目的の書面であって、これによって契約の成立が証明されるわけではないので、契約書ではない。

2　標準的な記載事項

- 売買の対象となる目的物の特定。不動産の特定は、不動産登記の表題部の記載事項で行う。土地の場合は「所在」「地番」「地目」「地積」である。
- 売買代金（手付金を含む）の金額、その支払の時期や方法。不動産の売買の場合には、売買代金額の1割程度を契約時に交付し、目的物の引渡し・対抗要件の具備の時点で残額を支払うことが、しばしば行われる。

- 目的物の引渡しの時期や方法
- 所有権の移転時期
- 登記手続の時期や処理。不動産の権利の対抗要件（買主が第三者に対して自己の権利を確定的に主張するための要件）は登記であるので、その手続について定められる。
- 目的物に契約不適合（改正前民法の「瑕疵」）があった場合の責任や処理。代金減額、損害賠償、解除などの効果を定める。
- 契約解除の条件や方法。不動産の場合、契約締結後に、買主は手付を放棄することにより、売主は手付を倍返しすることにより解除できるという手付解除が定められることが多い。また、購入資金のローンの審査が通らなかった場合に白紙解除をできるものとすることが定められることがある。

印 紙 税

◤ 結論

2500万円を記載金額とする第1号の1文書（不動産の譲渡に関する契約書）に該当し、1万円の印紙税が課税される。

◤ 解説

2022年3月31日までに作成される文書については、税額の軽減措置が講じられている。

なお、登記をする際の登記原因証明文書として使用される「不動産売渡証書」は、印紙税法上は契約書に該当するので、第1号の1文書として課税されることになる。この場合において、不動産の譲渡価額が記載されているときは、その金額が記載金額に該当し、その金額に応じた印紙税が課税される。

また、記載されていないときは、記載金額のない第1号の1文書に該当し、200円の印紙税が課税される。

なお、「重要事項説明書」は、課税文書には該当しない。

12-1 土地売買契約 物件のみ取り決める契約書

不動産売買契約書

　売主○○○○（以下「甲」という。）と買主○○○○（以下「乙」という。）は、以下のとおり土地売買契約を締結する。

第1条　売買の目的

　　甲は、自己の所有する末尾記載の土地（以下「本件土地」という。）を乙に売り渡し、乙はこれを買い受ける。

第2条　公簿売買

　　本件土地の売買面積は、末尾記載の登記簿上の表示面積によるものとし、本件土地の登記簿上の面積と実測面積とが相違した場合であっても、甲及び乙は相互に相手方に対し売買代金の増減等一切異議・請求を申し述べない。

第3条　売買単価

　　売買単価は、別途覚書で定めるものとする。

第4条　引渡し

　　甲は、第3条の規定による本件土地の売買代金の受領と同時に、本件土地を乙に対して引き渡す。

第5条　所有権の移転

　　本件土地の所有権は、第4条に基づく本件土地の引渡しと同時に、甲から乙に移転する。

第6条　所有権移転登記

　　（以下略）

　　令和○年○○月○○日

　　甲　　○　○　○　○　　印　　　　　　乙　　○　○　○　○　　印

　　　物件の表示

　　　　所在：○○○○

　　　　地番：○番○

地目：宅地

地積：125.00㎡

解　説

1 文書の意義

(1) どのような場面で使われるか

- 本書式は、土地の売買に用いる契約書であるが、売買代金額が未定の状態で締結するものである。書式 **12-2** の売買代金額についての合意書と合わせて、契約書としての機能を有する。

(2) 類似の書面との異同

- 売買代金まで決める通常の土地の売買契約書は書式 **11** であり、本書式との違いは、売買代金（手付金を含む）の金額、その支払の時期や方法が定められていないことのみである。

- 「売渡証書」「重要事項説明書」との違いについては、書式 **11** の解説を参照されたい。

2 標準的な記載事項

- 売買代金（手付金を含む）の金額、その支払の時期や方法が定められていないことに注意されたい。その他は書式 **11** と同様である。

- 売買の対象となる目的物の特定。不動産の特定は、不動産登記の表題部の記載事項で行う。土地の場合は「所在」「地番」「地目」「地積」である。

- 目的物の引渡しの時期や方法

- 所有権の移転時期

- 登記手続の時期や処理。不動産の権利の対抗要件（買主が第三者に対して自己の権利を確定的に主張するための要件）は登記であるので、その手続について定められる。

- 目的物に契約不適合（改正前民法の「瑕疵」）があった場合の責任や処理。代金減額、損害賠償、解除などの効果を定める。

- 契約解除の条件や方法。不動産の場合、契約締結後に、買主は手付を放棄することにより、売主は手付を倍返しすることにより解除できるという手付解除が定められることが多い。また、購入資金のローンの審査が通らなかった場合に白紙解除をできるものとすることが定められることがある。

結論

　記載金額のない第1号の1文書（不動産の譲渡に関する契約書）に該当し、200円の印紙税が課税される。

土地売買契約 売買単価のみ取り決める合意書

覚　書

売主○○○○（以下「甲」という。）と買主○○○○（以下「乙」という。）は、甲及び乙間の令和○年○○月○○日付「不動産売買契約書」に関し、その売買単価を以下のとおり取り決める。

第1条　売買単価

売買単価は、1㎡当たり20万円とする。

第2条　売買代金の支払

乙は、本件土地の売買代金売買代金を、令和○年○○月○○日に、現金で甲に支払う。

（以下略）

令和○年○○月○○日

甲　○　○　○　○　㊞　　　　　乙　○　○　○　○　㊞

解　説

1　文書の意義

(1) どのような場面で使われるか

・本書式は、不動産売買において、書式 **12-1** のように売買代金を定めなかった場合に、その代金について定める文書であり、かつ総額で表示せずに売買単価のみを合意する文書である。確認書（書式 **4**）の一種であり、書式 **12-1** と一体となって契約書を構成する。

(2) 類似の書面との異同

・書式 **11** の売買代金まで決める通常の土地の売買契約書から、売買代金に関する定めを抜き出したものである。ただし、書式 **11** と異なり、代金について総額で表示せずに、売買単価のみしか表示されていないことに注意を要する。

2 標準的な記載事項

- 本書式は、不動産売買の売買代金についてのみ定めることを目的とする確認書であるが、その代金について総額で表示せずに、売買単価のみを合意している。総額は、書式 12-1 に記載される目的物たる土地の面積と掛け合わせて算出することになる。
- 売買代金の支払の時期や方法についても定めている。

.... 印 紙 税 ....

◤ 結論

記載金額のない第1号の1文書（不動産の譲渡に関する契約書）に該当し、200円の印紙税が課税される。

◤ 解説（印紙税重要事項の解説 8 参照）

引用する他の文書（「不動産売買契約書」書式 12-1 ）は印紙税の課税文書であるから、この覚書の記載金額の判定に当たっては、その他の文書（契約書）に記載された内容（面積）を引用しない。したがって、売買単価のみを取り決めるこの覚書単独では取引金額が計算できないので、記載金額はないものとなる。

◤ チェックポイント

この覚書に、売買単価以外に面積も併せて記載されている場合は、この覚書単独で取引金額が計算できることから（単価×数量）、その計算により算出した金額が記載金額となる。

13 土地建物売買契約（戸建て）

土地建物売買契約書

　売主○○○○（以下「甲」という。）と買主○○○○（以下「乙」という。）は、以下のとおり土地建物売買契約を締結する。

売買の目的物の表示（A）

	所在	地番	地目	地積
土地	○○市○○町○丁目	○番○	宅地	125.00㎡

建物	所在	○○市○○町○丁目○番地○		
	家屋番号	○番○	種類	居宅
	構造	木造スレート葺2階建		
	床面積	1階60.00㎡　　2階60.00㎡		

売買代金・手付金の額及び支払日

	総額	金5800万円
売買代金（B1）	土地	金2500万円
	建物（内消費税）	金3300万円（金300万円）
手付金（B2）	令和○年○月○日までに	金580万円
中間金（B3）	令和○年○月○日までに	金2000万円
残代金（B4）	令和○年○月○日までに	金3220万円

その他約定事項

(略)

契約条項

第1条　売買の目的物及び売買代金

　　甲は、標記の物件（A）（以下「本物件」という。）を、標記の代金（B1）をもって乙に売渡し、乙はこれを買受けた。

第2条　売買対象面積

　　甲と乙は、本物件の標記の面積（A）と実測面積との間に差異があっても、互い

に異議を述べず、また、売買代金の増減を請求しないものとする。

第3条　手付

　1　乙は、甲に手付として、この契約締結と同時に標記の金額（B2）を支払う。

　2　手付金は、残代金支払のときに、売買代金の一部に充当する。

第4条　売買代金の支払時期及びその方法

　　乙は、甲に売買代金を標記の期日（B3、B4）までに支払う。

第5条　所有権等移転の時期

　　本物件の所有権は、乙が売買代金の全額を支払い、甲がこれを受領したとき

に、甲から乙に移転する。

第6条　引渡し

　　甲は、乙に本物件を売買代金全額の受領と同時に引き渡す。

第7条　所有権等移転登記の申請

　1　甲は、売買代金全額の受領と同時に、乙又は乙が指定する者の名義にするた

めに、本物件の所有権等移転登記申請手続をしなければならない。

　2　権利移転の登記申請手続に要する費用は、乙の負担とする。

　　（以下略）

　　令和〇年〇〇月〇〇日

　　甲　　〇　〇　〇　〇　㊞　　　　　　乙　　〇　〇　〇　〇　㊞

解　説

1　文書の意義

（1）どのような場面で使われるか

・本書式は、戸建ての建物及びその底地の売買に用いる契約書である。

（2）類似の書面との異同

・書式 **14** に区分所有建物（マンション）の売買契約書が示されているが、これは登記
上で底地が敷地権として建物に一体化されたものに用いる書式である。区分所有
建物でも、登記上で底地が敷地権として建物に一体化されていない、建物と底地
の登記が別々で権利関係が別々に処理されるものについては、本書式を用いること

になる（ただし、下記のように目的物の記載の仕方は異なる）。

2 標準的な記載事項

- 売買の対象となる目的物の特定。不動産の特定は、不動産登記の表題部の記載事項で行う。土地の場合は「所在」「地番」「地目」「地積」である。戸建ての建物の場合は「所在」「家屋番号」「種類」「構造」「床面積」である。底地が敷地権として建物に一体化されていない区分所有建物の場合は、一棟の建物表示として「所在」「建物の名称」「構造」「床面積」及び専有部分の建物の表示として「家屋番号」「所在」「家屋番号」「種類」「構造」「床面積」となる。
- 売買代金（手付金を含む）の金額、その支払の時期や方法。不動産の売買の場合には、売買代金額の1割程度を契約時に交付し、目的物の引渡し・対抗要件具備の時点で残額を支払うことが、しばしば行われる。
- 目的物の引渡しの時期や方法
- 所有権の移転時期
- 登記手続の時期や処理。不動産の権利の対抗要件（買主が第三者に対して自己の権利を確定的に主張するための要件）は登記であるので、その手続について定められる。
- 目的物に契約不適合（改正前民法の「瑕疵」）があった場合の責任や処理。代金減額、損害賠償、解除などの効果を定める。
- 契約解除の条件や方法。不動産の場合、契約締結後に、買主は手付を放棄することにより、売主は手付を倍返しすることにより解除できるという手付解除が定められることが多い。また、購入資金のローンの審査が通らなかった場合に白紙解除をできるものとすることが定められることがある。

・・・・・・・・・・・・・・・・・・・・・・・・・・・・・・・・ 印 紙 税 ・・・・・・・・・・・・・・・・・・・・・・・・・・・・・・・・

◢ 結論

　5500万円を記載金額とする第1号の1文書（不動産の譲渡に関する契約書）に該当し、3万円の印紙税が課税される。

◢ 解説

　具体的に記載されている消費税等の額は、記載金額から除かれる。

　なお、2022年3月31日までに作成される文書については、税額の軽減措置が講じられている。

14 区分所有建物（マンション）売買契約書

区分所有建物売買契約書

　売主○○○○（以下「甲」という。）と買主○○○○（以下「乙」という。）は、以下のとおり区分所有建物売買契約を締結する。

売買の目的物の表示（A）

<table>
<tr><td colspan="8">一棟の建物の表示</td></tr>
<tr><td>名称</td><td colspan="7">○○○マンション</td></tr>
<tr><td>所在</td><td colspan="7">○○市○○町○丁目</td></tr>
<tr><td>構造</td><td colspan="4">鉄筋コンクリート造○階建</td><td>床面積</td><td colspan="2">○○㎡</td></tr>
<tr><td colspan="8">専有部分の表示（　　階　　　号室）</td></tr>
<tr><td colspan="2">家屋番号</td><td colspan="3">建物の番号</td><td></td><td>種類</td><td>居宅</td></tr>
<tr><td colspan="2">構造</td><td colspan="3"></td><td>床面積</td><td colspan="2">65.00㎡</td></tr>
<tr><td rowspan="3">敷地利用権の存する土地</td><td colspan="3">所在</td><td>地番</td><td>地目</td><td colspan="2">地積</td></tr>
<tr><td>①</td><td colspan="2">○○市○○町○丁目</td><td>○番○</td><td>宅地</td><td colspan="2">○○㎡</td></tr>
<tr><td>②</td><td colspan="2">○○市○○町○丁目</td><td>○番○</td><td>宅地</td><td colspan="2">○○㎡</td></tr>
<tr><td rowspan="3">敷地利用権の内容</td><td colspan="2">権利の種類</td><td>登記</td><td colspan="2">割合</td><td rowspan="3">土地面積合計</td><td rowspan="3">○○㎡</td></tr>
<tr><td>①</td><td>借地権</td><td>有</td><td colspan="2">○○○分の○○</td></tr>
<tr><td>②</td><td>借地権</td><td>有</td><td colspan="2">○○○分の○○</td></tr>
<tr><td rowspan="5">借地権の場合</td><td colspan="2">地代</td><td colspan="5"></td></tr>
<tr><td colspan="2">目的</td><td></td><td>対抗要件</td><td colspan="3"></td></tr>
<tr><td colspan="2">種類</td><td colspan="5"></td></tr>
<tr><td colspan="2">期間</td><td colspan="5"></td></tr>
<tr><td colspan="2">敷地の賃貸人</td><td colspan="5"></td></tr>
</table>

売買代金・手付金の額及び支払日

売買代金（B1）	総額	金5800万円
	土地	金2500万円
	建物（内消費税）	金3300万円（金300万円）
手付金（B2）	令和○年○月○日までに	金580万円
残代金（B3）	令和○年○月○日までに	金5220万円

その他約定事項

（略）

契約条項

第1条　売買の目的物及び売買代金

　　甲は、標記の物件（A）（以下「本物件」という。）を、標記の代金（B1）をもって乙に売り渡し、乙はこれを買い受けた。

第2条　売買対象面積

　　甲と乙は、本物件の標記の面積（A）と実測面積との間に差異があっても、互いに異議を述べず、また、売買代金の増減を請求しないものとする。

第3条　手付

　1　乙は、甲に手付として、この契約締結と同時に標記の金額（B2）を支払う。

　2　手付金は、残代金支払のときに、売買代金の一部に充当する。

第4条　売買代金の支払時期及びその方法

　　乙は、甲に売買代金を標記の期日（B3）までに支払う。

第5条　所有権等移転の時期

　　本物件の区分所有権及び敷地利用権（以下「所有権等」という。）は、乙が売買代金の全額を支払い、甲がこれを受領したときに、甲から乙に移転する。

第6条　引渡し

　　甲は、乙に本物件を売買代金全額の受領と同時に引き渡す。

第7条　所有権等移転登記の申請

　1　甲は、売買代金全額の受領と同時に、乙又は乙が指定する者の名義にするために、本物件の所有権等移転登記申請手続をしなければならない。敷地利用権が登記のない借地権の場合はこの限りでない。

　2　権利移転の登記申請手続に要する費用は、乙の負担とする。

　　（以下略）

　令和〇年〇〇月〇〇日

　甲　　〇　〇　〇　〇　㊞　　　　　　　乙　　〇　〇　〇　〇　㊞

1 文書の意義

（1）どのような場面で使われるか

- 本書式は、敷地権が一体化された区分所有建物（マンション）の売買に用いる契約書である。区分所有建物の場合、建物と底地の関係は、建物と底地の登記が別々で権利関係が別々に処理されるものと、登記上で底地が敷地権として建物に一体化されたものとがある。本書式は、この敷地権が一体化された区分所有建物に用いるものである。

（2）類似の書面との異同

- 区分所有建物でも、登記上で底地が敷地権として建物に一体化されていない、建物と底地の登記が別々で権利関係が別々に処理されるものについては、戸建ての土地建物売買と同様に書式 **13** を用いることになる。
- 「売渡証書」「重要事項説明書」との違いについては、書式 **11** の解説を参照されたい。

2 標準的な記載事項

- 売買の対象となる目的物の特定。不動産の特定は、不動産登記の表題部の記載事項で行う。建物に底地が敷地権として一体化している区分所有建物の場合、「一棟の建物の表示」とそれに対応する「敷地権の目的たる土地の表示」、「専有部分の建物の表示」とそれに対応する「敷地権の表示」の登記事項がある。それぞれの登記事項を書き写して、敷地権まで含めた不動産の表示をする。
- 売買代金（手付金を含む）の金額、その支払の時期や方法。不動産の売買の場合には、売買代金額の1割程度を契約時に交付し、目的物の引渡し・対抗要件具備の時点で残額を支払うことが、しばしば行われる。
- 目的物の引渡しの時期や方法
- 所有権の移転時期
- 登記手続の時期や処理。不動産の権利の対抗要件（買主が第三者に対して自己の権利を確定的に主張するための要件）は登記であるので、その手続について定められる。
- 目的物に契約不適合（改正前民法の「瑕疵」）があった場合の責任や処理。代金減額、損害賠償、解除などの効果を定める。
- 契約解除の条件や方法。不動産の場合、契約締結後に、買主は手付を放棄することにより、売主は手付を倍返しすることにより解除できるという手付解除が定めら

れることが多い。また、購入資金のローンの審査が通らなかった場合に白紙解除を
できるものとすることが定められることがある。

・・・・・・・・・・・・・・・・・・・・・・・・・・・・・・ 印 紙 税 ・・・・・・・・・・・・・・・・・・・・・・・・・・・・

◢ 結論

5500万円を記載金額とする第1号の1文書 (不動産の譲渡に関する契約書) に該当し、
3万円の印紙税が課税される。

◢ 解説

具体的に記載されている消費税等の額は、記載金額から除かれる。

なお、2022年3月31日までに作成される文書については、税額の軽減措置が講じ
られている。

建物賃貸借契約書

事業用建物賃貸借契約書

　貸主○○○○（以下「甲」という。）と借主○○○○（以下「乙」という。）は、以下のとおり事業用建物賃貸借契約を締結する。

(A) 賃貸借の目的物の表示等	名称			階　　号室
	所在地	住居表示		
		登記簿		
	種類			
	構造・規模			階建
	契約面積			㎡
(B) 賃貸借条件	契約期間		令和2年4月1日から令和4年3月31日まで2年間	
	賃料	月額	880,000円	火災保険料 100,000円
		内消費税	80,000円	敷金 8,000,000円
	管理・共益費	月額	220,000円	礼金 1,600,000円
		内消費税	20,000円	更新料 800,000円
	賃料等振込先			
	支払期限		翌月分を毎月末日までに支払う。	
(C) 同居者		入居者名	年齢	続柄
特約事項				

契約条項

第1条　目的物
　　甲は、乙に対し、標記の物件 (A)（以下「本物件」という。）を賃貸する。

第2条　契約期間及び更新
　1　契約期間は、標記 (B) のとおりとする。
　2　乙及び甲は、協議の上本契約を更新することができる。
　3　本契約が更新される場合は、乙は甲に対し、標記 (B) の更新料を支払わなければならない。

第3条　使用目的

　　乙は、本物件を標記 (A) の目的に使用しなければならない。

第4条　賃料

　　乙は、甲に対し、賃料を標記 (B) のとおりに支払う。

第5条　管理・共益費等

　　乙は、甲に対し、管理・共益費を標記 (B) のとおりに支払う。

第6条　敷金

　1　乙は、本契約から生じる乙の債務の担保として、標記 (B) に記載する敷金を、甲に対し預け入れるものとする。

　2　甲は、本契約の終了時に乙が本土地を現場に服して甲に返還した場合、本契約に基づく乙の債務で未払いのものがあるときは、これを敷金から差し引いて、乙に対して返還する。

第7条　礼金

　1　乙は、甲に対し、標記 (B) とおりの礼金を支払う。

　2　礼金は、返還しない。

　　（以下略）

　　令和○年○○月○○日

　　甲　　○　○　○　○　㊞　　　　　乙　　○　○　○　○　○　㊞

解　説

1　文書の意義

（1）どのような場面で使われるか

- 本書式は、事業用の建物の賃貸借に用いられる契約書である。

- 建物の賃貸借契約には、借地借家法上、「普通借家契約」と「定期借家契約」がある。普通借家契約は、更新拒絶や解約に際して正当事由が必要とされるので、自動更新になりやすく契約が長期化しやすい。定期借家契約は、一定の要件を満たすことによって、契約期間終了後の更新をしないことができるものである。本書式は、普通借家契約のものである。

- 建物の賃貸借契約は、「事業用」と「居住用」とで、借地借家法上の違いはない（書式 **17** の土地の賃貸借契約と対照）。しかし、「居住用」で賃借人が一般消費者になる

場合、消費者契約法という別の法律が適用されることにより、賃借人がより手厚く保護される可能性はある。また、事業用の建物賃貸借のほうが、差入敷金（保証金）や原状回復義務の面で、借主に厳しい条件が定められていることが多い。

（2）類似の書面との異同

- 賃料の発生しない建物使用貸借については、書式 **16** を用いる。
- 定期借家契約とする場合は、契約書の記載上に所定の事項を盛り込む必要があるのみならず、別途の書面でその旨を通知したり、契約終了の6か月前までに更新しない旨の通知をしたりすることが必要となるので、契約管理上で十分な注意が必要になる。定期借家契約の書式は、書式 **49** の倉庫賃貸借契約書に示されている。

2 標準的な記載事項

- 賃貸の対象となる目的物の特定。不動産の特定は、不動産登記の表題部の記載事項で行う。建物の場合は「所在」「家屋番号」「種類」「構造」「床面積」である。
- 使用目的
- 賃貸期間ないし返還時期
- 賃料、また、もしあれば共益費や管理費の金額、その支払の時期や方法
- 敷金又は保証金
- 礼金や更新料など、返還されない費用の支払が定められることがある。
- 賃貸開始時における目的物の引渡しの時期や方法
- 賃貸終了時における目的物の返還の時期や方法。原状回復義務の内容
- 賃貸期間中の借主の遵守事項
- 賃貸期間中の目的物に関する費用負担
- 目的物に契約不適合（改正前民法の「瑕疵」）があった場合の責任や処理。賃貸人による目的物の修補、賃料減額、損害賠償、解除などの効果を定める。

・・・・・・・・・・・・・・・・・・・・・・・・・・・・・・・・ 印 紙 税 ・・・・・・・・・・・・・・・・・・・・・・・・・・・・・・・・

結論

印紙税は課税されない。

解説

印紙税が課税される賃貸借契約書は、土地の賃貸借に限られている。

　賃貸借契約に際して保証金を預かり、契約期間に関係なく一定期間据え置いた後返還することを約している場合のその文書は、第1号の3文書（消費貸借に関する契約書）に該当する。

16 建物使用貸借契約書

建物使用貸借契約書

　貸主○○○○ (以下「甲」という。) と借主○○○○ (以下「乙」という。) は、以下のとおり建物使用貸借契約を締結する。

第1条　使用貸借

　　甲は、その所有にかかる下記物件 (以下「本物件」という。) を、乙に無償で使用させることを約して、その引渡しをした。

記

　　　所在：

　　　家屋番号：

　　　種類：

　　　構造：

　　　床面積：

第2条　期間

　1　使用貸借の期間は、令和2年4月1日から令和4年3月31日までの2年間とする。

　2　前項の期間満了前に、甲が本物件を使用する必要が生じたときは、甲は、2か月前に乙に予告することにより、本契約を解除することができる。

第3条　使用目的

　　乙は、本物件を、別途甲乙間で締結する作業委託契約にかかる作業場として使用する。

第4条　維持管理・修理費等

　　本物件の維持管理・修理等の費用は、乙の負担とする。

　　（以下略）

　令和○年○○月○○日

　甲　　○　○　○　○　　㊞　　　　　　乙　　○　○　○　○　　㊞

1　文書の意義

(1) どのような場面で使われるか

- 本書式は、建物の使用貸借に用いられる契約書である。使用貸借とは、無償で目的物を使用させる契約である。不動産が無償で使用貸借される場合とは、何か別の契約に付随している場合 (例えば、作業委託契約に付随してその作業場を使用させる場合) か、親族間の貸し借りなど経済的取引でない場合が多い。

(2) 類似の書面との異同

- 建物の有償の賃貸借には、書式 **15** の建物賃貸借契約を用いる。

2　標準的な記載事項

- 使用貸借の対象となる目的物の特定。不動産の特定は、不動産登記の表題部の記載事項で行う。建物の場合は「所在」「家屋番号」「種類」「構造」「床面積」である。
- 使用目的
- 使用貸借期間ないし返還時期
- 使用貸借開始時における目的物の引渡しの時期や方法
- 使用貸借終了時における目的物の返還の時期や方法。原状回復義務の内容
- 使用貸借期間中の借主の遵守事項
- 賃料は定められないが、使用貸借期間中の目的物に関する費用については借主が負担するように定められることがある。
- また、賃料は定められないが、原状回復義務の損害賠償の担保のため、保証金の差し入れが定められることがある。
- 目的物に契約不適合 (改正前民法の「瑕疵」) があった場合の責任や処理が定められることがある。ただし、無償の契約なので、貸主の責任は原状で引き渡すことに限定されることが通常である。

◢ 結論

印紙税は課税されない。

◢ 解説

使用貸借契約書には印紙税は課税されない。

土地賃貸借契約書
（建物所有目的・普通借地権）

土地賃貸借契約書

　貸主○○○○（以下「甲」という。）と借主○○○○（以下「乙」という。）は、以下のとおり土地賃貸借契約を締結する。

第1条　契約の目的
　　甲は、下記の土地（以下「本土地」という。）上に下記の建物（以下「本建物」という。）を建築し所有することを目的として、乙に対して本土地を賃貸し、乙はこれを賃貸する。

記

　　［本土地の表示］
　　　所在：○○○○
　　　地番：○番○
　　　地目：宅地
　　　地積：○○.○○㎡
　　［本建物の表示］
　　　建物の種類：住宅
　　　建物の構造：木造スレート葺2階建
　　　床面積　1階○○.○○㎡　2階○○.○○㎡

第2条　契約期間
　　賃貸借の期間は、令和2年4月1日から令和22年3月31日までの20年間とする。

第3条　賃料
　1　本土地の賃料は、月額50,000円とする。
　2　乙は、甲に対して、翌月分の前項の賃料を、毎月末日までに、甲が指定する金融機関口座に振り込んで支払う。

第4条　権利金
　1　乙は、本契約締結日に、甲に対して、本土地に対する借地権設定の権利金として金5,000,000円を支払う。

2　前項の権利金は、返還しないものとする。

第5条　保証金

　1　乙は、本契約締結日に、甲に対して、本契約に基づいて生じる乙の債務の履
　　　行を担保するため、保証金として金300,000円を預託する。

　2　甲は、本契約の終了時に乙が本土地を現状に復して甲に返還した場合、本契
　　　約に基づく乙の債務で未払いのものがあるときは、これを保証金から差し引いて、
　　　乙に対して返還する。

　（以下略）

　令和○年○○月○○日

　甲　○　○　○　○　㊞　　　　　乙　○　○　○　○　㊞

解　説

1　文書の意義

（1）どのような場面で使われるか

- 本書式は、建物を所有する目的で行われる土地賃貸借の契約書である。
- 建物を所有する目的で行われる土地の賃貸借には、借地借家法が適用されるため、賃貸人が有する権利は「借地権」と呼ばれる。借地借家法は一般的に立場が弱いとされる借主を保護するための強行法規であり、借地借家法の規定に反する当事者間の合意は無効とされるので、契約書作成の際には注意が必要である。
- 借地借家法上、借地権には以下の種類がある。

　　a　普通借地権

　　b　定期借地権

　　　b‑1　一般定期借地権

　　　b‑2　建物譲渡特約付借地権

　　　b‑3　事業用定期借地権

　　c　一時使用目的の借地権

　本書式は、aの普通借地権の書式である。

（2）類似の書面との異同

- 同じ土地の賃貸借の契約書であっても、建物を所有する目的でなく、駐車場として使用する目的の契約（書式 **18**）であれば、借地借家法は適用されない。

- 上記bの定期借地権やcの一時使用目的の借地権については、借地借家法上、それぞれ契約内容や手続について厳格な制限が定められているので、注意を要する。

2 標準的な記載事項

- 賃貸の対象となる目的物の特定。不動産の特定は、不動産登記の表題部の記載事項で行う。土地の場合は「所在」「地番」「地目」「地積」である。
- 使用目的。建物を所有する目的の借地権なので、所有する建物の種類、構造、床面積などの概要が記載される。
- 賃貸期間ないし返還時期
- 賃料の金額、その支払の時期や方法
- 建物所有目的の借地権の設定では、権利金や更新料など、返還されない費用の支払が定められることが多い。
- さらに契約終了時の損害賠償の担保のための保証金も定められることもある。
- 賃貸開始時における目的物の引渡しの時期や方法
- 賃貸終了時における目的物の返還の時期や方法。原状回復義務の内容。特に建物の撤去等の必要性について定められる。
- 賃貸期間中の借主の遵守事項
- 目的物に契約不適合（改正前民法の「瑕疵」）があった場合の責任や処理。賃貸人による目的物の修補、賃料減額、損害賠償、解除などの効果を定める。

·········· 印 紙 税 ··········

◤ 結論

　500万円を記載金額とする第1号の2文書（土地の賃借権の設定に関する契約書）に該当し、2千円の印紙税が課税される。

◤ 解説

　第1号の2文書における「契約金額」とは、設定又は譲渡の対価たる金額をいう。
したがって、賃貸料は使用収益の対価であることから、これには含まれない。
また、後日返還される「保証金」も、これには当たらない。

18 土地賃貸借契約書（駐車場）

駐車場賃貸借契約書

　貸主○○○○（以下「甲」という。）と借主○○○○（以下「乙」という。）は、以下のとおり駐車場賃貸借契約を締結する。

第1条　目的

　　甲は、下記記載の駐車場の専有部分（以下「本駐車場」という。）を、乙所有の自動車の駐車場として、本契約書に記載の条件で乙に対して賃貸し、乙はこれを賃借する。

記

　　駐車場の所在地及び名称　東京○○○○　○○第1パーキング

　　専用区画　第○番の専用部分

第2条　期間

　1　本契約の期間は、令和2年4月1日から令和3年3月31日までの1年間とする。

　2　前項の期間満了1か月前までに甲又は乙から相手方に対する解約の申入れがない場合、本契約は自動的に1年間更新され、以後も同様とする。

第3条　賃料

　1　本駐車場の賃料は、月額15,000円とする。

　2　乙は、甲に対して、翌月分の前項の賃料を、毎月末日までに、甲が指定する金融機関口座に振り込んで支払う。

　　（以下略）

　令和○年○○月○○日

　甲　　○　○　○　○　㊞　　　　　乙　　○　○　○　○　㊞

1 文書の意義

(1) どのような場面で使われるか

- 本書式は、駐車場として使用する目的で行われる土地の賃貸借の契約書である。建物を所有する目的の土地の賃貸借でないので、借地借家法は適用されず、民法に基づく契約となる。

(2) 類似の書面との異同

- 同じ土地の賃貸借の契約書であっても、書式 **17** の建物を所有する目的で行われる契約には、借地借家法が適用される。

2 標準的な記載事項

- 賃貸の対象となる目的物の特定。不動産の特定は不動産登記の表題部の記載事項で行うのが原則であるが、駐車場の場合は、一筆の土地全部を貸すことよりも、駐車場として区画化された単位で貸すことが通常なので、特定も、その駐車場そのものを所在地や名称で特定したうえで、区画によって特定することが通常であろう。
- 使用目的 (駐車場)
- 賃貸期間ないし返還時期
- 目的物の引渡しや返還に関する事項は、賃貸借契約である以上は定めておくのが理論的には好ましいが、駐車場の賃貸借では自動車を駐停車するだけであることから省略されることも多い。
- 賃料の金額、その支払の時期や方法
- 契約終了時の損害賠償の担保のための保証金が定められることもある。
- 礼金や更新料など、返還されない費用の支払が定められることもある。
- 賃貸期間中の借主の遵守事項
- 目的物に契約不適合 (改正前民法の「瑕疵」) があった場合の責任や処理。賃貸人による目的物の修補、賃料減額、損害賠償、解除などの効果を定める。

◤ 結論

印紙税は課税されない。

◤ 解説

駐車場を利用することを内容とする契約書のうち、印紙税が課税されるのは、駐車場としての土地の賃貸を約するものに限られる。

したがって、駐車場の一定の場所に特定の車両を有料で駐車させることを約するものは、土地の賃貸ではなく、駐車場という施設の賃貸と判断されることから、その文書には印紙税は課税されない。

19 土地使用貸借契約書

土地使用貸借契約書

　貸主○○○○（以下「甲」という。）と借主○○○○（以下「乙」という。）は、以下のとおり土地使用貸借契約書を締結する。

第1条　目的

　　甲は、乙に対し、下記の土地を、甲乙間の令和2年4月1日付建設請負契約に関する資材置き場として、無償にて使用させ、乙はこれを借り受ける。

記

　　　所　在：○○○○
　　　地　番：○番○
　　　地　目：雑種地
　　　地　積：○○㎡

第2条　期間

　1　使用貸借の期間は、令和2年4月1日から令和3年3月31日までの1年間とする。

　2　前項の定めにかかわらず、甲において、必要があるときは、1か月の予告期間をおいて、この契約を解除することができる。

　（以下略）

　令和○年○○月○○日
　甲　　○　○　○　○　印　　　　　　　乙　　○　○　○　○　印

解　説

1 文書の意義

（1）どのような場面で使われるか

・本書式は、土地の使用貸借の契約書である。使用貸借とは、無償で目的物を使用

させる契約である。不動産が無償で使用貸借される場合とは、何か別の契約に付随している場合（例えば、作業委託契約に付随してその作業場を使用させる場合）か、親族間の貸し借りなど経済的取引でない場合が多い。

（2）類似の書面との異同

- 土地の有償の賃貸借には、書式 **17** や書式 **18** の土地賃貸借契約を用いる。

2 標準的な記載事項

- 使用貸借の対象となる目的物の特定。不動産の特定は、不動産登記の表題部の記載事項で行う。土地の場合は「所在」「地番」「地目」「地積」である。
- 使用目的
- 使用貸借期間ないし返還時期
- 使用貸借開始時における目的物の引渡の時期や方法
- 使用貸借終了時における目的物の返還の時期や方法。原状回復義務の内容
- 使用貸借期間中の借主の遵守事項
- 賃料は定められないが、使用貸借期間中の目的物に関する費用については借主が負担するように定められることがある。
- また、賃料は定められないが、原状回復義務の損害賠償の担保のため、保証金の差し入れが定められることがある。
- 目的物に目的物に契約不適合（改正前民法の「瑕疵」）があった場合の責任や処理が定められることがある。ただし、無償の契約なので、貸主の責任は原状で引き渡すことに限定されることが通常である。

---------------------------------- 印 紙 税 ----------------------------------

◢ 結論

印紙税は課税されない。

◢ 解説

使用貸借契約書には印紙税は課税されない。

第3章

建設に関する文書

建築設計業務委託契約書

建築設計業務委託契約書

発注者○○○○（以下「甲」という。）と受注者○○○○（以下「乙」という。）は、以下のとおり建築設計業務委託契約を締結する。

(1)　委託業務の名称　○○○○○○ビル　設計業務
(2)　履行期間　令和2年4月1日から令和2年6月30日まで
(3)　業務委託料　3,300,000円（うち消費税300,000円）

第1条　目的
　1　乙は、本契約書に基づき、設計仕様書（別冊の図面、仕様書、現場説明書及びこれらの図書に係る質問回答書並びに現場説明に対する質問回答書をいう。）に記載の業務（以下「業務」という。）を、履行期間内に完了し、契約の目的物（以下「成果物」という。）を甲に引き渡すものとし、甲は、その業務委託料を支払うものとする。
　2　乙は、この契約書若しくは設計仕様書に特別の定めがある場合又は前項の指示若しくは甲と乙との協議がある場合を除き、業務を完了するために必要な一切の手段をその責任において定めるものとする。
第2条　業務工程表の提出
　乙は、この契約締結後14日以内に、設計仕様書に基づいて業務工程表を作成し、甲に提出し、その承認を受けなければならない。
　　（中略）
第7条　著作権の帰属
　成果物又は成果物を利用して完成した建築物（以下「本件建築物」という。）の著作権は、乙に帰属するものとする。
第8条　著作物等の利用の許諾
　乙は甲に対し、成果物を利用して建築物を1棟完成すること、及び本件建築物の増築、改築、修繕、模様替、維持、管理、運営、広報等のために必要な範囲で、成果物を甲が自ら複製し、若しくは翻案、変形、改変その他の修正をする目的で、成果物の利用を許諾する。

（中略）

第17条　履行報告

　　乙は、設計仕様書に定めるところにより、この契約の履行について甲に報告しなければならない。

　　（中略）

第31条　検査及び引渡し

　　1　乙は、業務を完了したときは、その旨を甲に通知しなければならない。

　　2　甲は、前項の規定による通知を受けたときは、通知を受けた日から10日以内に乙の立会いの上、設計仕様書に定めるところにより、業務の完了を確認するための検査を完了する。

　　3　乙は、前項の検査によって業務の完了を確認した後、請負代金額の支払の完了と同時に、甲に対して成果物を引き渡す。

第32条　業務委託料の支払

　　1　乙は、前条第2項の検査に合格したときは、業務委託料の支払を請求することができる。

　　2　甲は、前項の規定による請求があったときは、請求を受けた日から30日以内に業務委託料を支払わなければならない。

　　（以下略）

　　令和〇年〇〇月〇〇日

　　甲　　〇　〇　〇　〇　㊞　　　　　　乙　　〇　〇　〇　〇　㊞

解　説

1　文書の意義

（1）どのような場面で使われるか

• 本書式は、建物の設計の業務を委託する際に用いる契約書である。建物の設計という一定の仕事の完成に対して料金が支払われるものなので、請負契約となる。

（2）類似の書面との異同

• 本書式の建築設計業務委託契約書、書式 **21** の測量調査業務請負契約書書式 **22** の建設工事請負契約書、及び書式 **23** の建築工事監理業務委託契約書が、一連の建物建設に係る契約書である。書式 **23** の建築工事監理業務委託契約書のみ準

委任であり (ただし微妙な場合もある。書式 **23** の解説を参照されたい)、その他は請負契約である。

- 書式 **24** の建物設計及び建築請負契約書は、本書式の建築設計業務委託契約書と書式 **22** の建設工事請負契約書を1本の契約書とするものである。

2 標準的な記載事項

- 請け負う仕事の内容、すなわち建物の設計の業務の内容。建物の設計の業務の詳細は、技術的な事項等が多く契約書の中にすべてを書き込むのは困難なので、設計仕様書や業務工程表などの別書面に定めることが多い。
- 請負代金の金額、その支払の時期や方法
- 成果物の権利の帰属。請負契約では通常は成果物の権利は注文者に移転させる。
- 成果物の引渡しの時期や方法、及び検収の時期や方法
- 成果物に契約不適合(改正前民法の「瑕疵」)があった場合の責任や処理。追完(修補)、代金減額、損害賠償、解除などの効果を定める。

⋯⋯⋯⋯⋯⋯ 印 紙 税 ⋯⋯⋯⋯⋯⋯

◢ 結論

300万円を記載金額とする第2号文書(請負に関する契約書)に該当し、1千円の印紙税が課税される。

◢ 解説

具体的に記載されている消費税等の額は、記載金額から除かれる。

なお、建築工事の請負に関する契約書については、2022年3月31日までの間に作成されるものについて、税額の軽減措置が設けられているが、建築設計業務に係る請負契約書はこれには該当せず、本則税率が適用される。

21 測量調査業務請負契約書

測量調査等請負契約書

(1) 委託業務の名称　○○○○○○ビル建設　測量調査業務
(2) 履行場所　○○○○○○
(3) 履行期間　令和2年4月1日から令和2年5月1日まで
(4) 業務委託料　1,100,000円 (うち消費税100,000円)

第1条　目的
　1　乙は、本契約書に基づき、設計図書 (別冊の図面、仕様書、現場説明書及びこれらの図書に係る質問回答書並びに現場説明に対する質問回答書をいう。) に記載の業務 (以下「業務」という。) を、履行期間内に完了し、契約の目的物 (以下「成果物」という。) を甲に引き渡すものとし、甲は、その業務委託料を支払うものとする。
　2　乙は、この契約書若しくは設計仕様書に特別の定めがある場合又は前項の指示若しくは甲と乙との協議がある場合を除き、業務を完了するために必要な一切の手段をその責任において定めるものとする。

第2条　業務工程表の提出
　　乙は、この契約締結後14日以内に、設計仕様書に基づいて業務工程表を作成し、甲に提出し、その承認を受けなければならない。

　　(中略)

第6条　著作権の譲渡等
　　乙は、成果物の著作権を、発注者に無償で譲渡する。

　　(中略)

第14条　履行報告
　　乙は、設計図書に定めるところにより、この契約の履行について甲に報告しなければならない。

　　(中略)

第30条　検査及び引渡し
　1　乙は、業務を完了したときは、その旨を甲に通知しなければならない。

2　甲は、前項の規定 による通知を受けたときは、通知を受けた日から10日以内に乙の立会いの上、設計図書に定めるところにより、業務の完了を確認するための検査を完了する。

3　乙は、前項の検査によって業務の完了を確認した後、請負代金額の支払の完了と同時に、甲に対して成果物を引き渡す。

第31条　請負代金の支払

1　乙は、前条第2項の検査に合格したときは、業務委託料の支払を請求することができる。

2　甲は、前項の規定による請求があったときは、請求を受けた日から30日以内に業務委託料を支払わなければならない。

（以下略）

令和〇年〇〇月〇〇日

甲　〇　〇　〇　〇　㊞　　　　　　乙　〇　〇　〇　〇　㊞

解　説

1　文書の意義

（1）どのような場面で使われるか

- 本書式は、測量及び調査等の業務を委託する際に用いる契約書である。測量及び調査という一定の仕事の完成に対して料金が支払われるものなので、請負契約となる。

（2）類似の書面との異同

- 書式 **20** の建築設計業務委託契約書、本書式の測量調査業務請負契約書、書式 **22** の建設工事請負契約書、及び書式 **23** の建築工事監理業務委託契約書が、一連の建物建設に係る契約書である。書式 **23** の建築工事監理業務委託契約書のみ準委任であり（ただし微妙な場合もある。書式 **23** の解説を参照されたい）、その他は請負契約である。

2　標準的な記載事項

- 請け負う仕事の内容、すなわち測量及び調査等の業務の内容。測量及び調査等の業務の詳細は、技術的な事項等が多く契約書の中にすべてを書き込むのは困難な

ので、「設計仕様書」などの別書面に定めることが多い。

- 請負代金の金額、その支払の時期や方法
- 成果物の権利の帰属。請負契約では通常は成果物の権利は注文者に移転させる。
- 成果物の引渡しの時期や方法、及び検収の時期や方法
- 成果物に契約不適合(改正前民法の「瑕疵」)があった場合の責任や処理。追完(修補)、代金減額、損害賠償、解除などの効果を定める。

印 紙 税

◤ 結論

100万円を記載金額とする第2号文書(請負に関する契約書)に該当し、200円の印紙税が課税される。

◤ 解説

具体的に記載されている消費税等の額は、記載金額から除かれる。

なお、建築工事の請負に関する契約書については、2022年3月31日までの間に作成されるものについて、税額の軽減措置が設けられているが、測量調査業務に係る請負契約書はこれには該当せず、本則税率が適用される。

22 建設工事請負契約書

建設工事下請契約書

元請負人○○○○（以下「甲」という。）と下請負人○○○○（以下「乙」という。）は、以下のとおり建設工事下請契約を締結する。

1　工　事　名	○○○○○○ビル建設工事
2　工事場所	○○○○○○
3　工　　期	着工　　令和2年7月1日 完成　　令和3年3月31日
4　請負代金額	220,000,000円 (うち消費税及び地方消費税の額　20,000,000円)
5　請負代金の 支払時期・支払 方法	(1)　前金払　契約締結後○日以内に55,000,000円
	(2)　部分払　着工後○日以内に55,000,000円
	(3)　引渡時支払　引渡後請求後○日以内に110,000,000円
	現金手形の別又は割合　　現金：手形＝○：○
	手形期間　　○日
6　そ　の　他	

契約条項

第1条　目的

1　乙は、本契約書に基づき、設計図書（別冊の図面、仕様書、現場説明書及びこれらの図書に係る質問回答書並びに現場説明に対する質問回答書をいう。）に記載の業務（以下「業務」という。）を、履行期間内に完了し、契約の目的物（以下「成果物」という。）を甲に引き渡すものとし、甲は、その請負代金を支払うものとする。

2　乙は、この契約書若しくは設計仕様書に特別の定めがある場合又は前項の指示若しくは甲と乙との協議がある場合を除き、業務を完了するために必要な一切の手段をその責任において定めるものとする。

第2条　請負代金内訳書及び工程表

乙は設計図書に基づく請負代金内訳書、工事計画書及び工程表を作成し、契約締結後速やかに甲に提出して、その承認を受ける。

（中略）

第12条　履行報告

　　乙は、設計図書に定めるところにより、この契約の履行について甲に報告しなければならない。

　（中略）

第25条　検査及び引渡し

　1　乙は、業務を完了したときは、その旨を甲に通知しなければならない。

　2　甲は、前項の規定による通知を受けたときは、通知を受けた日から10日以内に乙の立会いの上、設計図書に定めるところにより、業務の完了を確認するための検査を完了する。

　3　乙は、前項の検査によって業務の完了を確認した後、請負代金額の支払の完了と同時に、甲に対して成果物を引き渡す。

第26条　請負代金の支払

　1　乙は、前条第2項の検査に合格したときは、請負代金の支払を請求することができる。

　2　甲は、前項の規定による請求があったときは、請求を受けた日から30日以内に請負代金を支払わなければならない。

　（以下略）

令和○年○○月○○日

甲　　○　○　○　○　㊞　　　　　　乙　　○　○　○　○　㊞

解　説

1　文書の意義

（1）どのような場面で使われるか

- 本書式は、建物の建設工事の請負において、元請業者が下請業者に下請けで出すときの請負の契約書である。建物の建設工事という仕事の完成を委託するものなので、請負契約となる。

（2）類似の書面との異同

- 本書式は、元請業者と下請業者の間の契約書であるが、施主と元請業者との間の契約も、基本的には同様である。
- 書式 **20** の建築設計業務委託契約書、書式 **21** の測量調査業務請負契約書、本書

式の建設工事請負契約書、及び書式 **23** の建築工事監理業務委託契約書が、一連の建物建設に係る契約書である。書式 **23** の建築工事監理業務委託契約書のみ準委任であり（ただし微妙な場合もある。書式 **23** の解説を参照されたい）、その他は請負契約である。

- 書式 **24** の建物設計及び建築請負契約書は、書式 **20** の建築設計業務委託契約書と本書式の建設工事請負契約書を１本の契約書とするものである。

2 標準的な記載事項

- 請け負う仕事の内容、すなわち建設する建物の内容及び建設作業の内容。業務の詳細は、技術的な事項等が多く契約書の中にすべてを書き込むのは困難なので、「仕様書」、その作業の内容の詳細は、設計図書、工事計画書及び工程表などの別書面に定めることが多い。
- 請負代金の金額、その支払の時期や方法。これも、建築の場合項目が多岐にわたり細かいので、請負代金内訳書などの別書面に定めている。
- 成果物の権利の帰属。請負契約では通常は成果物の権利は注文者に移転させる。
- 成果物の引渡しの時期や方法、及び検収の時期や方法
- 成果物に契約不適合（改正前民法の「瑕疵」）があった場合の責任や処理。追完(修補)、代金減額、損害賠償、解除などの効果を定める。

.... 印 紙 税 ....

◤ 結論

２億円を記載金額とする第２号文書（請負に関する契約書）に該当し、６万円の印紙税が課税される。

◤ 解説

具体的に記載されている消費税等の額は、記載金額から除かれる。

なお、建築工事の請負に関する契約書については、2022年３月31日までの間に作成されるものについて、税額の軽減措置が設けられている。

23 建築工事監理業務委託契約書

建築工事監理業務委託契約書

　発注者〇〇〇〇（以下「甲」という。）と受注者〇〇〇〇（以下「乙」という。）は、以下のとおり建築工事監理業務委託契約を締結する。

(1)　委託業務の名称　〇〇〇〇〇〇ビル建設　建築工事監理業務

(2)　履行期間　令和2年7月1日から令和3年3月31日まで

(3)　業務委託料　22,000,000円（うち消費税2,000,000円）

第1条　目的

　1　乙は、本契約書に基づき、工事監理仕様書（別冊の図面、仕様書、現場説明書及びこれらの図書に係る質問回答書並びに現場説明に対する質問回答書をいう。）に記載の業務（以下「業務」という。）を、履行期間内に完了し、甲は、その業務委託料を支払うものとする。

　2　乙は、この契約書若しくは工事監理仕様書に特別の定めがある場合又は前項の指示若しくは甲と乙との協議がある場合を除き、業務を完了するために必要な一切の手段をその責任において定めるものとする。

第2条　業務計画書の提出

　　乙は、この契約締結後14日以内に、工事監理仕様書に基づいて業務計画書を作成し、甲に提出し、その承認を受けなければならない。

　（中略）

第11条　履行報告

　　乙は、工事監理仕様書に定めるところにより、この契約の履行について甲に報告しなければならない。

　（中略）

第25条　検査

　1　乙は、業務を完了したときは、その旨を甲に通知しなければならない。

　2　甲は、前項の規定による通知を受けたときは、通知を受けた日から10日以内に乙の立会いの上、工事監理仕様書に定めるところにより、業務の完了を確認す

るための検査を完了する。

第26条　業務委託料の支払

1　乙は、前条第2項の検査に合格したときは、業務委託料の支払を請求することができる。

2　甲は、前項の規定による請求があったときは、請求を受けた日から30日以内に業務委託料を支払わなければならない。

令和○年○○月○○日

甲　○　○　○　○　㊞　　乙　○　○　○　○　㊞

解　説

1　文書の意義

（1）どのような場面で使われるか

- 本書式は、建築・工事の監理業務を委託する際に用いる契約書である。施工監理とは、建物の建築現場において、設計図書と照合して設計図書どおりに施工されていることを確認する業務であって、一定の仕事の完成を約するものではなく、「監理」という事務処理を目的とするものなので、準委任契約となるとされている。しかし、異論もあるところであり、最終的には契約内容に仕事の完成の要素が含まれていないかの確認が必要となる。本書式では、準委任契約である契約を示している。

（2）類似の書面との異同

- 書式 **20** の建築設計業務委託契約書、書式 **21** の測量調査業務請負契約書、書式 **22** の建設工事請負契約書、及び本書式の建築工事監理業務委託契約書が、一連の建物建設に係る契約書である。本書式の建築工事監理業務委託契約書のみ準委任であり（ただし上記のとおり微妙な場合もある）、その他は請負契約である。

2　標準的な記載事項

- 委託を受ける業務の内容
- 委託業務の代金の金額、その支払の時期や方法
- 委託業務の提供期間

◪ 結論

印紙税は課税されない。

◪ 解説

委任 (準委任を含む) 契約書には印紙税は課税されない。

24 建物設計及び建築請負契約書

建物設計及び建築請負契約書

　発注者○○○○（以下「甲」という。）と受注者○○○○（以下「乙」という。）は、以下のとおり建物設計及び建築請負契約を締結する。

第1条　設計及び建築工事の請負
1　甲は乙に対し、下記建物（以下「本件建物」という。）の建築に必要な設計図書の作成を注文し、乙はこれを完成することを約した。
2　甲は乙に対し、前項の設計図書に基づき下記本件建物の建築工事を注文し、乙はこれを完成することを約した。

記

　　建物の種類：住宅
　　建物の構造：木造スレート葺2階建
　　床面積　1階○○．○○㎡　2階○○．○○㎡

第2条　敷地
　　本件建物の敷地は、甲が提供する。

第3条　材料等
　　本件建物の建築工事に要する一切の材料及び労力は、乙が提供する。

第4条　納期等
1　乙は本契約締結の日から○日以内に甲に設計図書を提出し、承認を受けるとともに、甲と協力して建築確認の手続を行う。
2　乙は甲が建築確認通知書を受領した日から○日以内に建築工事に着手し、工事着手の日から○日以内にこれを完成し、完成の日から○日以内に甲に引き渡すものとする。

第5条　請負代金
　　請負代金は、設計図書の作成が金200万円、建築請負が金1500万円（いずれも消費税等の額を除く。）とし、次のとおり分割して支払う。
(1)　乙が甲に設計図書を提出した時　　　　金　200万円

(2)	甲が建築確認通知書を受領した時	金	100万円
(3)	乙が工事に着手した時	金	200万円
(4)	乙が基礎工事を完成した時	金	200万円
(5)	乙が工事を完成し引渡しを終了した時	金	1000万円

(以下略)

令和○年○○月○○日

甲　○　○　○　○　㊞　　　　　　乙　○　○　○　○　㊞

解　説

1 文書の意義

(1) どのような場面で使われるか

- 本書式は、建物の設計と建築工事の請負の契約書である。建物の設計、建物の建築工事のいずれも、一定の仕事の完成に対して料金が支払われるものなので、請負契約となる。

(2) 類似の書面との異同

- 本書式は、書式 **20** の建築設計業務委託契約書と書式 **22** の建設工事請負契約書を1本の契約書とするものである。

2 標準的な記載事項

- 請け負う仕事の内容、すなわち建物の設計の業務の内容。建物の設計の業務の詳細は、技術的な事項等が多く契約書の中にすべてを書き込むのは困難なので、設計仕様書や業務工程表などの別書面に定めることが多い。
- 請負代金の金額、その支払の時期や方法。これも、建築の場合項目が多岐にわたり細かいので、請負代金内訳書などの別書面に定めている。
- 成果物の権利の帰属。請負契約では通常は成果物の権利は注文者に移転させる。
- 成果物の引渡しの時期や方法、及び検収の時期や方法
- 成果物に契約不適合(改正前民法の「瑕疵」)があった場合の責任や処理。追完(修補)、代金減額、損害賠償、解除などの効果を定める。

◢ 結論

　記載金額1700万円の第2号文書（請負に関する契約書）に該当し、1万円の印紙税が課税される。

◢ 解説

　建築工事の請負に関する契約書については、2022年3月31日までの間に作成されるものについて、税額の軽減措置が設けられている。

　ただし、建物設計請負に関する契約書については、これには含まれず、本則税率が適用される。

　ところで、これらの契約が同一の文書により約定されている場合、すなわち、一つの文書に、建設工事の請負に関する事項とそれ以外の請負に関する事項が記載されている場合は、全額が第2号文書の記載金額に該当し、その全額が軽減措置の対象となる。

　なお、具体的に記載されている消費税等の額は、記載金額から除かれる。

◢ チェックポイント

　通常は、全額を軽減措置の対象にしたほうが、すなわち、一つの契約書で約定したほうが有利となるが、契約金額によっては、それぞれ分割して（別文書として）作成したほうが有利な場合もある。

25 建築請負契約
契約金額増額変更契約書

覚　書

　発注者　○○○○ (以下「甲」という。) と受注者　○○○○ (以下「乙」という。) は、甲乙間の令和○年○○月○○日付建築工事請負契約を、以下のとおり変更する。

第1条　原契約第○条の契約金額 (いずれも消費税の額を除く。) を、以下のとおり変更する。

変更前	200,000,000円
変更後	250,000,000円
差額	50,000,000円

第2条　原契約第○条の工期を、以下のとおり変更する。

　　　　変更前　　　契約確定の日の翌日から令和3年3月31日まで

　　　　変更後　　　契約確定の日の翌日から令和3年9月31日まで

第3条　本覚書に定めのない事項は、原契約のとおりとする。

　　　令和○年○○月○○日

　　　甲　　○　○　○　○　㊞　　　　　　乙　　○　○　○　○　㊞

解　説

1　文書の意義

(1) どのような場面で使われるか

- 本書式は、建物建築請負契約 (書式 **22** や書式 **24**) で、請負代金額の増額変更及び工期の変更をする際の契約書である。

(2) 類似の書面との異同

- 書式 **4** の確認書と、契約の内容を部分的に合意するという意味では同様であるが、同書式は必ずしも契約の内容の変更を伴わないものであり、本書式は契約の内容の変更を目的とするものである。

2 標準的な記載事項

- 契約書中、変更する箇所の特定
- 増額変更後の請負代金額。変更契約書としてはこれが記載されていれば用は足りるが、変更前も記載しておいたほうが変更の内容がわかりやすい。
- 請負代金額以外の変更事項があれば、変更後 (及び変更前) の当該事項

················· 印 紙 税 ·················

◢ 結論

5千万円を記載金額とする第2号文書 (請負に関する契約書) に該当し、1万円の印紙税が課税される。

◢ 解説 (印紙税重要事項の解説 7 参照)

原契約書が作成されている場合の契約金額の変更契約書については、税額の軽減措置が講じられている。

すなわち、増額の場合はその差額が記載金額に該当し、減額の場合は記載金額なしとして取り扱われる。

また、建築工事の請負に関する契約書については、2022年3月31日までの間に作成されるものについて、税額の軽減措置が設けられている。

◢ チェックポイント

変更後の金額のみの記載であり、変更差額が記載されていない場合は、変更後の金額、すなわち、総額が記載金額となることに留意する必要がある。

26 建築請負契約 契約金額減額変更契約書

覚　書

　発注者　○○○○（以下「甲」という。）と受注者　○○○○（以下「乙」という。）は、甲乙間の令和○年○○月○○日付建築工事請負契約を、以下のとおり変更する。

第1条　原契約第○条の契約金額（いずれも消費税の額を除く。）を、以下のとおり変更する。

　　　　変更前　　　　200,000,000円

　　　　変更後　　　　150,000,000円

　　　　差額　　　　▲ 50,000,000円

第2条　原契約第○条の工期を、以下のとおり変更する。

　　　　変更前　　　　契約確定の日の翌日から令和3年3月31日まで

　　　　変更後　　　　契約確定の日の翌日から令和2年12月31日まで

第3条　本覚書に定めのない事項は、原契約のとおりとする。

　　　　令和○年○○月○○日

　　　　甲　○　○　○　○　㊞　　　　　　乙　○　○　○　○　印

解　説

1 文書の意義

（1）どのような場面で使われるか

- 本書式は、建物建築請負契約（書式 **22** や書式 **24**）で、請負代金額を減額変更及び工期の変更をする際の契約書である。

（2）類似の書面との異同

- 書式 **4** の確認書と、契約の内容を部分的に合意するという意味では同様であるが、同書式は必ずしも契約の内容の変更を伴わないものであり、本書式は契約の内容の変更を目的とするものである。

2 標準的な記載事項

- 契約書中、変更する箇所の特定
- 減額変更後の請負代金額。変更契約書としてはこれが記載されていれば用は足りるが、変更前も記載しておいたほうが変更の内容がわかりやすい。
- 請負代金額以外の変更事項があれば、変更後（及び変更前）の当該事項

.... 印　紙　税 ....

◤ 結論

記載金額のない第2号文書（請負に関する契約書）に該当し、200円の印紙税が課税される。

◤ 解説（印紙税重要事項の解説 7 参照）

原契約書が作成されている場合の契約金額の変更契約書については、税額の軽減措置が講じられている。

すなわち、増額の場合はその差額が記載金額に該当し、減額の場合は記載金額なしとして取り扱われる。

また、建築工事の請負に関する契約書については、2022年3月31日までの間に作成されるものについて、税額の軽減措置が設けられている。

◤ チェックポイント

変更後の金額のみの記載であり、変更差額が記載されていない場合は、変更後の金額、すなわち、総額が記載金額となることに留意する必要がある。

27 建築請負契約 工期変更契約書

覚　書

　発注者　○○○○（以下「甲」という。）と受注者　○○○○（以下「乙」という。）は、甲乙間の令和○年○○月○○日付建築工事請負契約を、以下のとおり変更する。

第1条　原契約第○条の工期を、以下のとおり変更する。
　　　変更前　　契約確定の日の翌日から令和3年3月31日まで
　　　変更後　　契約確定の日の翌日から令和2年12月31日まで
第2条　本覚書に定めのない事項は、原契約のとおりとする。

　　　令和○年○○月○○日
　　　甲　　○　○　○　○　印　　　　　　乙　　○　○　○　○　印

解　説

1　文書の意義

(1) どのような場面で使われるか
- 本書式は、建築請負契約で、請負代金額の変更を伴わず工期を変更する際の契約書である。他の契約条項を変更する際にも本書式を応用できる。

(2) 類似の書面との異同
- 工期の変更に伴い、請負代金額の変更がある場合は増額変更の場合は書式 **25** を、減額変更の場合には書式 **26** を参照されたい。
- 書式 **4** の確認書と、契約の内容を部分的に合意するという意味では同様であるが、同書式は必ずしも契約の内容の変更を伴わないものであり、本書式は契約の内容の変更を目的とするものである。

2　標準的な記載事項

- 契約書中、変更する箇所の特定

- 変更後の工期。変更契約書としてはこれが記載されていれば用は足りるが、変更前も記載しておいたほうが変更の内容がわかりやすい。
- 工期以外の変更事項があれば、変更後（及び変更前）の当該事項

························· 印 紙 税 ·························

◤ 結論

　記載金額のない第 2 号文書（請負に関する契約書）に該当し、200円の印紙税が課税される。

◤ 解説（印紙税重要事項の解説 6 参照）

　工期（請負の期日又は期限）の変更を定めているが、この事項は、建築請負契約の重要な事項に該当するので、再度課税される。

28 一時金支払合意書

覚　書

　発注者　○○○○（以下「甲」という。）と受注者　○○○○（以下「乙」という。）は、甲乙間の令和○年○○月○○日付建築工事請負契約に基づく○○工事について、以下のとおり乙が甲に対して中間金を支払ったこと及び請負代金の残額（いずれも消費税別）を確認する。

記

請負代金	200,000,000円
支払済中間金	50,000,000円
請負代金残額	150,000,000円

令和○年○○月○○日

甲　　○　○　○　○　　㊞　　　　　　　乙　　○　○　○　○　　㊞

解　説

1　文書の意義

（1）どのような場面で使われるか

- 本書式は、建築請負契約で、請負代金の一時金の支払と残額を確認する際の合意書である。

（2）類似の書面との異同

- 一時金の支払の確認の部分については、法律的には書式 **3-1** の領収書と同趣旨の文書である。
- 残額の確認の部分については、法律的には書式 **8** の債務承認弁済契約書と同趣旨の文書である。

2 標準的な記載事項

- 請負代金の一時金の支払の確認
- 請負代金の残額の確認
- 以後の残額の弁済スケジュールを確認する場合もある。

-------------------------------- 印 紙 税 --------------------------------

◢ 結論

基本的には、課税文書には該当しない。

◢ 解説

単に請負代金の残額を確認するにとどまる文書の場合については、補充又は変更契約書には該当しない。

◢ チェックポイント

甲の乙への中間金の支払の際に、乙が甲に対し別途「領収証」を作成交付していない場合には、甲が所持する文書は記載金額 5 千万円の第17号の 1 文書 (売上代金に係る金銭の受取書) に該当し、 1 万円の印紙税が課税される。

第4章

研究開発・製造販売に関する文書

29 共同研究開発契約書

共同研究開発契約書

　〇〇〇〇（以下「甲」という。）と〇〇〇〇（以下「乙」という。）は、以下のとおり共同研究開発契約を締結する。

第1条　目的
　　甲及び乙は、〇〇〇〇に関する技術の研究及び製品の開発（以下「本業務」という。）を共同して行う。

第2条　研究開発期間
　　研究開発期間は、令和〇年〇〇月〇〇日から令和〇年〇〇月〇〇日までとする。

第3条　成果物に関する権利
　1　第1条の共同開発にかかる成果物の所有権は、両当事者の共有とする。
　2　本件業務を遂行する過程で、特許権その他の知的財産権及びノウハウに関する権利（以下「知的財産権」と総称する。）を伴う発明等が行われた場合、
　①　かかる発明等が一方の当事者のみによって行われた場合、知的財産権はかかる発明を行った当事者に帰属するものとするが、他方当事者は本契約に基づいて成果物を自己利用するために必要な限りにおいて、無償でかかる知的財産権を利用することができる。
　②　かかる発明が両当事者によって行われた場合、知的財産権は、両当事者の共有とする。

第4条　費用負担
　　両当事者は、本件業務を遂行する上で必要な費用を均等折半する。

第5条　甲の義務
　　甲は、本件業務を遂行する上で、以下の資料及び事務を提供する。
　　（略）

第6条　乙の義務
　　甲は、本件業務を遂行する上で、以下の資料及び事務を提供する。
　　（略）

（以下略）

令和〇年〇〇月〇〇日

甲　〇　〇　〇　〇　印　　　　乙　〇　〇　〇　〇　印

解　説

1 文書の意義

（1）どのような場面で使われるか

　本書式は、当事者が共同して、技術の研究及び製品の開発をする場合の契約書である。双方の当事者が相互に研究及び開発において役割を決定し、相互に委託しあう場面で用いられ、さらに、その成果物の権利帰属、製品の製造販売・資金提供・利益配分などビジネス全体に関する構造まで決めて、組合契約的な性質を有することもある、バリエーションの多い複雑な複合契約である。

（2）類似の書面との異同

　研究に関する書式としては、他に書式 63 の研究委託契約がある。書式 63 の研究委託契約は、一方当事者が他方当事者に対して研究を一方的に委託する単純な委任契約（明確な成果物が存在しそれに対応する対価が存在する場合は請負契約）である。

2 標準的な記載事項

- 共同して行う研究・開発の内容。スケジュールが定められることがある。
- 共同研究開発における当事者の義務。提供する資料、技術、材料、設備などが定められる。
- 研究開発の費用負担
- 成果物の権利の帰属
- 開発後の製品の製造販売に関する事項が定められることもある。
- 資金提供に関する事項が定められることもある。
- 利益配分に関する事項が定められることもある。
- 契約期間

◾ 結論

　課税文書には該当しない。

◾ 解説

　組合契約書又は組合類似契約書は、課税文書には該当しない。

　なお、知的財産権の利用許諾条項のあるものは、以前は課税されていたが、1989（平成元）年4月1日以降作成されるものから課税が廃止されている。

30 売買基本契約書（材料の仕入）

継続的商品売買基本契約書

　売主○○○○（以下「甲」という。）と買主○○○○（以下「乙」という。）は、以下のとおり継続的商品売買基本契約を締結する。

第1条　基本契約の目的
　1　甲は乙に対し、本契約に基づき、第2条に定める個別契約に従い、継続的に以下の商品を売り渡し、乙はこれを買い受ける。
　(1)　○○○○　建築資材
　(2)　○○○○　機械・工具
　(3)　その他甲及び乙が個別契約で合意する商品
　2　本基本契約は、個別契約に特段の定めのない限り、すべての個別契約に共通して適用される。本基本契約の定めと個別契約の定めに齟齬がある場合、個別契約の定めが優先する。
第2条　個別契約
　1　個別契約は、甲乙双方調印の契約書で合意するか、乙が甲の所定の様式による注文書により、①発注日②品名③数量④単価及び合計金額⑤納期⑥納入場所を指定して甲に発注し、甲がこれを承諾することで成立する。
　2　甲は、発注を承諾しない場合は、直ちに乙に対しその旨書面で通知しなければならない。
第3条　商品の仕様等
　　本商品の引渡時における仕様、品質、材質、鮮度、包装及び梱包（以下「品質等」という。）は、別段の合意がない限り、少なくとも次の各号の基準を満たすものでなければならない。ただし、品質基準相互間で齟齬がある場合は、乙は、これに関して甲の指示を求めこれに従う。
　(1)　甲が本商品の製造又は仕入に際して乙に通知した仕様、指示、その他各種資料
　(2)　乙が甲に対し本商品の説明のために通知した見積書、提案書、仕様書、サン

プル類その他各種資料、その他本商品に関する説明

 (3) その他甲が乙と協議の上決定した事項

第4条 商品の引渡し及び検収

 1 甲は、個別契約に定める納期までに、個別契約に定める納入場所において、乙に本商品を引き渡す。

 2 乙は、引渡しを受けた場合、直ちに乙の定めた検査規定及び検査方法に基づいた検査を行い、合格したもののみを受領する。

第5条 所有権の移転

 本商品の所有権は、前条の検収合格・受領と同時に、甲から乙へ移転する。

第6条 代金の支払

 甲は商品代金を毎月〇日で締切り、翌月〇日までに乙に対し請求書を発出し、乙は翌月〇日（金融機関休業日の場合は翌営業日）までに甲の指定する銀行口座に振り込むものとする。振込手数料は甲の負担とする。

 （以下略）

令和〇年〇〇月〇〇日

甲 〇　〇　〇　〇　㊞   乙 〇　〇　〇　〇　㊞

解説

1　文書の意義

（1）どのような場面で使われるか

- 本書式は、商品を継続的に販売する際の売買の基本契約書である。本契約書は基本契約書であり、売買契約の必須要素である目的物と代金の決定は個別契約書に委ねているので、これらを定めた個別契約書と一体になって初めて具体的な契約が成立する。個別契約書には、書式 **2** の「注文書及び注文請書」や書式 **31** の「売買個別契約書」が該当する。

（2）類似の書面との異同

- 書式 **32** の製作物供給契約も製品・商品を供給する契約であるが、本書式の売買基本契約が単なる商品を売買する契約であるのに対し、書式 **32** の製作物供給契約が製品を製造するという仕事の完成を請け負う契約である点で異なる。しかし、目的物の出所が違うだけで、両方とも結果として目的物を引き渡して代金を得ると

いう点で共通するので、契約書上は、本書式の売買基本契約では目的物の内容を既製商品の品番などで示すのに対し、書式 **32** の製作物供給契約では目的物の内容が仕様書で示されるという程度であって、さほど大きな違いはなくなる。

2 標準的な記載事項

- 売買契約は、売買の対象となる目的物の特定と、売買代金の金額が必須の要素であるが、本書式は、これらの事項の決定を個別契約に委ねて、その他の条件を決定するものである。したがって、これらの事項が定められた個別契約と一体となって初めて売買契約として成立することになる。
- 個別契約の締結の手順
- 売買代金の支払の時期や方法
- 目的物の引渡しの時期や方法、及び検収の時期や方法。なお、引渡しは動産（登録制度のある自動車など若干の例外を除く）の対抗要件（買主が第三者に対して自己の権利を確定的に主張するための要件）である。
- 所有権の移転時期
- 目的物に契約不適合（改正前民法の「瑕疵」）があった場合の責任や処理。追完、代金減額、損害賠償、解除などの効果を定める。
- 契約解除の条件や方法。基本契約の解除のほか、個別契約の解除についても定められる。
- 契約期間

---------------------------------- 印 紙 税 ----------------------------------

◢ 結論

第 7 号文書（継続的取引の基本となる契約書）に該当し、4 千円の印紙税が課税される。

◢ 解説（印紙税重要事項の解説 **3** 参照）

営業者間において売買に関する二以上の取引を継続して行うため作成される契約書で、目的物の種類、対価の支払方法等を定めるものであるから、第 7 号文書に該当する。

売買個別契約書

　売主○○○○（以下「甲」という。）と買主○○○○（以下「乙」という。）は、甲乙間の令和○年○○月○○日付継続的商品売買基本契約に基づく個別契約として、甲が乙に以下の条件で売買契約を締結する。

　1　品名：○○○○
　　　数量：20個
　　　単価：10,000円（消費税抜）
　　　合計額：200,000円（消費税抜）
　　　納期：令和○年○○月○○日
　　　納品場所：○○○○○○
　2　品名：○○○○
　　　数量：20個
　　　単価：5,000円（消費税抜）
　　　合計額：100,000円（消費税抜）
　　　納期：令和○年○○月○○日
　　　納品場所：○○○○○○

（以下略）

令和○年○○月○○日
甲　　○　○　○　○　　㊞　　　　　　乙　　○　○　○　○　　㊞

解　説

1 文書の意義

（1）どのような場面で使われるか

・本書式は、書式 **30** の売買基本契約書とともに用いられる個別契約書である。売買

の対象となる目的物の特定と、売買代金の金額を決定して、具体的な売買契約を成立させるものである。

（2）類似の書面との異同

- 書式 **2** の注文書及び注文請書も、それにより個別契約が成立することを基本契約書の中に定めることによって、本書式と同様に用いることができる。

2 標準的な記載事項

- 売買の対象となる目的物の特定
- 売買代金の金額。多くの場合、単価・数量と合計額で示される。なお、支払の時期や方法は、基本契約書に記載されていることが多い。
- 目的物の引渡しの時期や方法

.... 印 紙 税 ....

◢ 結 論

課税文書には該当しない。

◢ 解 説（印紙税重要事項の解説 **2** 参照）

売買基本契約書は、第7号文書（継続的取引の基本となる契約書）に該当するケースが多いが、個別の売買契約書は課税文書には該当しない。

◢ チェックポイント

売買に類似する個別の契約書のうち、課税されるのは、特別注文品に係る場合である。この場合は、第2号文書（請負契約書）に該当する場合が多いと思われる。

製作物供給契約書（基本契約書）

製作物供給契約書

　発注者○○○○（以下「甲」という。）と受注者○○○○（以下「乙」という。）は、以下のとおり製作物供給契約を締結する。

第1条　製作物供給の委託

　　乙は、第2条の個別契約で定められる○○等の甲の製品（以下「本製品」という。）の製作物供給を請け負う。

第2条　個別契約

　1　甲及び乙は、本契約に基づいて、本製品の製作物供給に関し個別契約を締結する。

　2　個別契約は、甲が乙に対し、製品名、数量、製造代金、納入期日、納品場所等を記載した注文書を交付し、乙が甲に対し、注文請書を交付することによって成立する。

　3　乙は、個別契約において定められた納入期日までに本製品の製作を終了し、これを個別契約で定められる納品場所に納品しなければならない。

第3条　仕様

　1　本製品の仕様は、甲が作成し乙に交付する仕様書によって決定する。

　2　乙は、本製品の質、形状、その他の事項につき、前項の仕様書に合致する製品を製作し、甲に足して納入しなければならない。

第4条　納入・検査・検収

　1　乙は、個別契約に規定された納入期日に、本製品を甲の指定する場所に納入しなければならない。

　2　**（略）**

第4条　所有権及び危険負担

　　本製品の所有権及び危険負担は、前条に定める引渡時に、甲に移転する。

第5条　請負代金

　　甲は、毎月末日までに引渡しを受けた本製品の代金を、翌々月末日までに、乙の

指定する銀行口座に振り込んで支払う。振込手数料は、乙の負担とする。

第6条　品質保証

（以下略）

令和〇年〇〇月〇〇日

甲　〇　〇　〇　〇　㊞　　　　乙　〇　〇　〇　〇　㊞

解　説

1 文書の意義

（1）どのような場面で使われるか

- 本書式は、受注者が工業製品を発注者のために製造してかつ販売する製作物供給契約の基本契約書である。製品を製造するという仕事の完成を請け負う請負契約であるが、受注者が材料を仕入れて（かつ加工して）発注者に販売するという売買契約の要素を有する点で、単なる請負契約と区別され「製作物供給契約」と呼ばれる。本契約書は基本契約書であり、請負契約契約の必須要素である目的物と代金の決定は個別契約書に委ねているので、これらを定めた個別契約書と一体になって初めて具体的な契約が成立する。個別契約書は、書式 **2** の「注文書及び注文請書」や書式 **31** の「売買個別契約書」が該当する。

（2）類似の書面との異同

- 同じく製品を製造する請負契約である書式 **33** の加工委託契約は、注文者から供給された材料を加工して製品化し作業代金を受け取る契約であるのに対し、本書式は請負人が材料を供給して加工して製品化し材料代も含めて製品の売買代金として受け取る契約であって、構造を異にする。ただし、材料を組みわせて製品化する場合は「材料を供給する」のが注文者か請負人かというのは程度の問題であり、書式 **33** の加工委託契約と本書式を組み合わせたような契約書も多々存在する。

- 書式 **30** 及び書式 **38** の売買基本契約も商品を供給する契約であるが、これらの書式は単なる商品を売買する契約であるのに対し、本書式の製作物供給契約が製品を製造するという仕事の完成を請け負う契約である点で異なる。しかし、目的物の出所が違うだけで、両方とも結果として目的物を引き渡して代金を得るという点で共通するので、契約書上は、書式 **30** 及び書式 **38** の売買基本契約では目的物の内容を既製商品の品番などで示すのに対し、本書式の製作物供給契約では目的物

の内容が仕様書で示されるという程度であって、さほど大きな違いはなくなる。

2 標準的な記載事項

- 請負契約は、請負の対象となる目的物の特定と、代金の金額が必須の要素である
  が、本書式は、これらの事項の決定を個別契約に委ねて、その他の条件を決定す
  るものである。したがって、これらの事項が定められた個別契約と一体となって初
  めて契約としての効力を有することになる。
- 個別契約の締結の手順
- 代金の支払の時期や方法
- 目的物の引渡しの時期や方法、及び検収の時期や方法。なお、引渡しは動産（登
  録制度のある自動車など若干の例外を除く）の対抗要件（買主が第三者に対して自己の権利を
  確定的に主張するための要件）である。
- 所有権の移転時期
- 目的物に契約不適合（改正前民法の「瑕疵」）があった場合の責任や処理。追完、代
  金減額、損害賠償、解除などの効果を定める。
- 契約解除の条件や方法。基本契約の解除のほか、個別契約の解除についても定め
  られる。
- 契約期間

印 紙 税

◤ 結 論

第7号文書（継続的取引の基本となる契約書）に該当し、4千円の印紙税が課税され
る。

◤ 解 説 （印紙税重要事項の解説 3 参照）

営業者間において売買又は請負に関する二以上の取引を継続して行うため作成さ
れる契約書で、目的物の種類、対価の支払方法等を定めるものであるから、第7号文
書に該当する。

なお、製作物供給契約書については、当事者の意思が仕事の完成に重きを置いて
いるときは請負契約に、単に目的物の所有権の移転に重きを置いているときは売買に
該当することになる（印基通別表第1の第2号文書関係の2）。また、その判断をすること
ができないものは、双方の契約に該当することになり、通則3の規定に従って所属が

決定されることになる。

　第7号文書の該当要件は、請負も売買も同様であり、議論の実益はないが、個別の契約書については、問題となってくる (請負は課税。売買は不課税)。

委託加工契約書

委託者○○○○（以下「甲」という。）と受託者○○○○（以下「乙」という。）は、以下のとおり委託加工契約を締結する。

第1条　契約の成立

　　甲は、乙に対し、甲の商品である○○○○の加工を委託し、乙はこれを承諾した。

第2条　原料の供給

　　甲は、乙に対し、本加工に必要な原料を供給する。

第3条　加工指図

　　甲は、乙に対し、加工指図書を交付し、乙は、同書面に従って加工する。

第4条　納入期日

　　甲は、乙に対し、加工指図書の交付とともに納入期日を指定するものとし、乙は、同期日までに、甲指定の場所で甲の検査を経たうえ、合格品を納入するものとする。

第5条　原料の検査

　　乙は、甲の供給した原料を直ちに検査し、瑕疵のあるときは直ちに甲に報告し、甲の指示を受ける。

第6条　所有権の帰属

　　甲の供給した原料、仕掛品、完成品とも、すべて甲の所有とする。

第7条　加工代金

　　甲は、加工代金を別途定める加工代金表に従い毎月末日締切のうえ計算し、翌月10日までに、乙に対し支払う。

第8条　不合格の場合

　　加工品が、第4条の検査により不合格になったときは、その原料費は乙が負担するものとし、甲の請求に従って支払う。

　　（以下略）

　　令和○年○○月○○日

　　甲　　○　○　○　○　印　　　　　　乙　　○　○　○　○　印

1　文書の意義

（1）どのような場面で使われるか

- 本書式は、商品の加工を継続的に委託する際の請負の基本契約書である。本契約書は基本契約書であり、請負契約の必須要素である目的物と代金の決定は個別契約書に委ねているので、これらを定めた個別契約書と一体になって初めて具体的な契約が成立する。個別契約書の書式は、書式 **33-2**「加工指図書」になる。

（2）類似の書面との異同

- 書式 **32** の製作物供給契約も、製品を製造するという請負契約の要素を有するが、同書式は請負人が材料を供給して加工して製品化し材料代も含めて製品の売買代金として受け取る契約であるのに対し、本書式が注文者から供給された材料を加工して製品化し作業代金を受け取る契約であって、構造を異にする。ただし、材料を組みわせて製品化する場合は「材料を供給する」のが注文者か請負人かというのは程度問題であり、書式 **32** の製作物供給契約と本書式を組み合わせたような契約書も多々存在する。

2　標準的な記載事項

- 請負契約は、請負の対象となる目的物の特定と、代金の金額が必須の要素であるが、本書式は、これらの事項の決定を個別契約に委ねて、その他の条件を決定するものである。したがって、これらの事項が定められた個別契約と一体となって初めて契約としての効力を有することになる。
- 個別契約の締結の手順
- 代金の支払の時期や方法
- 目的物の引渡しの時期や方法、及び検収の時期や方法
- 所有権の移転時期
- 目的物に契約不適合 (改正前民法の「瑕疵」) があった場合の責任や処理。追完、代金減額、損害賠償、解除などの効果を定める。
- 契約解除の条件や方法。基本契約の解除のほか、個別契約の解除についても定められる。
- 契約期間

◢ 結論

第7号文書（継続的取引の基本となる契約書）に該当し、4千円の印紙税が課税される。

◢ 解説（印紙税重要事項の解説 3 参照）

営業者間において請負に関する二以上の取引を継続して行うため作成される契約書で、対価の支払方法等を定めるものであるから、第7号文書に該当する。

加工指図書

令和○年○○月○○日

乙株式会社御中

甲株式会社　印

摘要	単価 （税抜）	数量	金額 （税抜）	加工内容
○○○○加工	1,500円	500	650,000円	添付図面1（略）のとおり

納入期日：令和○年○○月○○日
納入場所：○○○○

解　説

1　文書の意義

（1）どのような場面で使われるか

- 本書式は、書式 **33-1** の加工委託の基本契約書とともに用いられる個別契約書である。請負業務の対象となる目的物を特定し、請負代金の金額を決定して、具体的な加工委託の請負契約を成立させるものである。

（2）類似の書面との異同

- 書式 **2** の発注書とほぼ同様であるが、加工内容を示すために別添の図面が必要となる点が異なる。

2　標準的な記載事項

- 請負の目的たる加工の名称及び内容。詳細な内容は別添の図面で指示されている。
- 請負代金。各商品又は役務ごとの単価と合計額、及び総額
- 納期及び納入場所

◤ 結論

　65万円を記載金額とする第2号文書（請負に関する契約書）に該当し、200円の印紙税が課税される。

◤ 解説（印紙税重要事項の解説 **2** 参照）

　タイトルは「指図書」となっているが、加工内容を指図するにとどまらず、請負代金（契約金額）を約定する文書とも認められることから、契約書に該当する。

◤ チェックポイント

　請負代金の記載がなく、単に加工内容の指図にとどまるもので、基本契約書に基づき事務処理のために作成する文書と認められる場合は、課税文書には該当しない。

特許実施許諾契約書

　特許権者○○○○ (以下「甲」という。) と実施権者○○○○ (以下「乙」という。) は、以下のとおり特許実施許諾契約を締結する。

第1条　実施の許諾

　　甲は、以下の特許に係る特許発明 (以下「本件特許発明」という。) の通常実施権を、乙に許諾する。

　　　　　特許登録番号　　第○○○○号

　　　　　発明の名称　　　「○○○○」

第2条　実施権の範囲

　　この契約における通常実施権の範囲は、以下のとおりとする。

　　(1)　期間　令和2年4月1日から令和22年3月31日まで

　　(2)　内容　乙の製品「○○○○」における実施

第3条　実施料

　1　乙は、甲に対して、次に定める実施料に消費税を加算して得た額を支払う。

　　(1)　本件特許発明を乙の製品「○○○○」に実施して第三者に販売したとき売上高の5％相当額

　　(2)　前号の形態によらない特許発明の実施を行うときは、甲乙協議のうえ別途定めた額

　2　前項第1号の実施料は、経済事情その他に著しい変動が起きたときは甲乙協議のうえこれを変更し、協議調わないときはこの契約を解除することができる。

第4条　実施状況報告

　　乙は、毎年4月1日から毎年3月31日の間の本特許発明に係る実施状況を、翌年4月20日までにとりまとめて、甲が別に定める実施状況報告書で報告する。

第5条　実施料の支払等

　1　乙は、第3条の実施料を、第4条の報告に基づき、甲の発行する請求書により、甲の定める納期限までに支払わなければならない。

2　本件特許発明の特許権の無効が確定したときにおいても、乙は当該確定日までの実施料の支払債務を免れることはできない。

3　すでに支払われた実施料は、いかなる場合があっても乙に返還しない。

（以下略）

令和○年○○月○○日

甲　○　○　○　○　印　　　　　　乙　○　○　○　○　印

解　説

1　文書の意義

（1）どのような場面で使われるか

- 本書式は、特許権の対象である発明の実施を他社に許諾する際に用いられる契約書であり、「ライセンス契約」と呼ばれる。知的財産権のうち、特許庁に登録することによって権利として保護される、①発明を保護する特許権、②考案（発明まで至らない技術的アイデア）を保護する実用新案権、③意匠（デザイン）を保護する意匠権のライセンス契約は、本書式の応用が可能である。また、特許庁に出願したが審査・登録が未了である出願中の特許・実用新案・意匠のライセンス契約も、本書式の応用が可能である。

- 特許発明の実施許諾には、実施権者がその特許発明の実施をする権利を専有する「専用実施権」の設定という制度もあるが、本書式は一般に利用される「通常実施権」の設定の契約である。

（2）類似の書面との異同

- 知的財産権のうち、商標・商号などの商品又は役務の表示を保護する商標権は、特許庁に登録することによって保護される権利であるが、使用許諾範囲の設定などが様相を異にする。これに関する使用許諾の契約書は、別の書式（書式 **43**）を参照されたい。

- 知的財産権のうち、著作物や、営業秘密（ノウハウやデータ）は、特許庁に登録されなくても権利として保護されるものであり、使用許諾の手続などが様相を異にする。これらの使用許諾は、別の書式（書式 **69** 及び **74**）を参照されたい。

2 標準的な記載事項

- 実施許諾の対象となる特許発明の特定。特許権の対象となる発明は特許庁に登録されているので、その登録番号を特定することにより、発明の特定は可能である。未登録・出願中の特許の特定は、特許庁の出願番号や公開番号で行う。
- 実施目的
- 実施許諾の期間
- 許諾料（「ライセンス料」「ロイヤルティ」と呼ばれる）の金額、その支払の時期や方法
- 許諾期間中の実施者（「ライセンシー」）の遵守事項
- 特許権が出願中の場合、特許権の登録に関する事項
- 目的物に契約不適合（改正前民法の「瑕疵」）があった場合の責任や処理。無効原因があって特許権が無効になったり、他社の権利（実施許諾権）などが設定されていたりして、完全な特許権の行使ができなくなるケースを想定する。代金減額、損害賠償、解除などの効果を定める。特許権の唯一無二の性格上、追完の効果が定められることは少ない。

······················· 印 紙 税 ·······················

▰ 結論

課税文書には該当しない。

▰ 解説

　無体財産権に係る契約書のうち、課税されるものは、特許権、実用新案権、商標権、意匠権、回路配置利用権、育成者権、商号及び著作権（以下「特許権等」という）の譲渡に関する契約書（第1号の1文書）である。

　したがって、特許出願権、ノウハウなど、これら以外の無体財産権の譲渡に関する契約書は、課税文書には該当しない。

　また、特許権等の実施権又は使用権の設定に関する契約書については、以前は課税されていたが、1989（平成元）年4月1日以降作成されるものから、課税が廃止されている。

35 特許権譲渡契約書

特許権譲渡契約書

譲渡人○○○○（以下「甲」という。）と譲受人○○○○（以下「乙」という。）は、以下のとおり特許権譲渡契約を締結する。

第1条　対象特許権

　　甲は乙に対して、下記の特許権（以下「本特許権」という。）を譲渡する。

　　　　特許登録番号　　第○○○○号

　　　　発明の名称　　　「○○○○」

第2条　対価

　1　乙は甲に対し、本特許権の譲渡の対価として金10,000,000円（消費税別）を支払うものとする。

　2　乙は、前項の対価を、本契約締結の日から10日以内に、甲の指定する銀行口座に振り込んで支払う。振込手数料は乙の負担とする。

第3条　移転登録手続

　1　甲は、乙に対して、本特許権の移転登録手続に必要な書類を、前項の対価の支払と引換えに交付する。

　2　本特許権の移転登録手続に関する費用は、乙がすべて負担する。

第4条　特許料

　　本特許権を維持するために必要な費用については、移転登録日の前日までは甲が負担し、移転登録日以後は乙が負担するものとする。

第5条　技術指導

　1　甲は、乙に対し、本特許権の実施に必要な情報や資料等を提供し、必要であれば技術指導を行うものとする。

　2　前項の情報や資料等を提供の対価は、無償とする。技術指導の対価は、甲乙協議して定める。

　　（以下略）

　　令和○年○○月○○日

　　甲　　○　○　○　○　　㊞　　　　　　乙　　○　○　○　○　　㊞

1　文書の意義

(1) どのような場面で使われるか

- 本書式は、特許権の譲渡に用いられる契約書である。知的財産権のうち、①発明を保護する特許権、②考案（発明まで至らない技術的アイデア）を保護する実用新案権、③意匠（デザイン）を保護する意匠権、④商標・商号などの商品又は役務の表示を保護する商標権の4つの権利は、産業財産権といい、特許庁に登録することによって権利として保護される。これらの産業財産権の譲渡の契約は、本書式の応用が可能である。また、特許庁に出願したが審査・登録が未了である出願中の産業財産権の譲渡の契約も、本書式の応用が可能である。

(2) 類似の書面との異同

- 知的財産権のうち、著作権や、営業秘密（ノウハウやデータ）は、特許庁に登録されなくても権利として保護される。これらの譲渡については、登録手続がないので、目的物や譲渡手続の定めの様相が変わってくる。書式 **75** を参照されたい。

2　標準的な記載事項

- 譲渡の対象となる目的物の特定。登録された産業財産権の特定は、特許庁の登録番号で行う。未登録・出願中の産業財産権の特定は、特許庁の出願番号や公開番号で行う。
- 譲渡代金の金額、その支払の時期や方法
- 移転登録手続の時期や方法。産業財産権の譲渡の対抗要件（譲受人が第三者に対して自己の権利を確定的に主張するための要件）は特許庁への移転登録であり、その手続の手順などが定められる。
- 産業財産権に関する資料の引渡しなどがあれば、その手続
- 特許権や実用新案権については、譲渡後にその発明や考案を利用するための、技術指導・協力などのアフターサービスが定められることもある。
- 目的物に契約不適合（改正前民法の「瑕疵」）があった場合の責任や処理。無効原因があって特許権が無効になったり、他社の権利（実施許諾権）などが設定されていたりして、完全な特許権の行使ができなくなるケースを想定する。代金減額、損害賠償、解除などの効果を定める。特許権の唯一無二の性格上、追完の効果が定められることは少ない。

◢ 結論

　記載金額1千万円の第1号の1文書（無体財産権の譲渡に関する契約書）に該当し、1万円の印紙税が課税される。

◢ 解説

　無体財産権に係る契約書のうち、課税されるものは、特許権、実用新案権、商標権、意匠権、回路配置利用権、育成者権、商号及び著作権（以下「特許権等」という）の譲渡に関する契約書（第1号の1文書）である。

　したがって、特許出願権、ノウハウなど、これら以外の無体財産権の譲渡に関する契約書は、課税文書には該当しない。

　また、特許権等の実施権又は使用権の設定に関する契約書については、以前は課税されていたが、1989（平成元）年4月1日以降作成されるものから、課税が廃止されている。

36 機械賃貸借契約書

OA機器賃貸借契約書

貸主○○○○（以下「甲」という。）と借主○○○○（以下「乙」という。）は、以下のとおりOA機器の賃貸借契約を締結する。

第1条　賃貸借

甲はその所有する下記記載のパソコン等（以下「本件OA機器」という。）を乙に使用、収益させるものとする。

　［機械の表示］

　(1)　製品名　　○○製パソコン「○○○○」

　　　　型式　　　○○○○

　　　　数量　　　10台

　　　　製造番号　○○○○～○○○○

　(2)　製品名　　○○製パソコン用アダプター及びケーブル

　　　　型式　　　○○○○、○○○○

　　　　数量　　　10セット

　(3)　**（略）**

第2条　期間

本契約の期間は2年間（令和2年4月1日から令和4年3月31日まで）とする。ただし、期間満了の1か月前までに甲又は乙から書面による解約の申し出がないときは、本契約と同一条件でさらに1年間継続し、以後も同様とする。

第3条　賃料

賃料は月額金200,000円（税別）とし、乙は毎月末日までに、翌月分賃料を甲の指定する方法で支払うものとする。

第4条　引渡し

甲は、本件OA機器を、令和2年4月1日までに、別途乙が書面で指定する乙の事務所に送付して、乙に対して引き渡す。

第5条　返還

　　1　乙は、本件 OA 機器を、本契約の期間満了後ただちに、別途甲が書面で指定する甲の事務所に送付して、甲に対して返還する。

　　2　乙は、本件 OA 機器を、前条の引渡時の原状に回復して返還することを要する。

第6条　維持管理・修理費等

　　本件 OA 機器の維持管理・修理等の費用は、乙の負担とする。

第7条　保証金

　　乙は、この契約から生ずる甲の損害などの補償に充てるため、金200,000円の保証金を、本契約成立日に、甲に対し預託するものとする。ただし、この保証金は無利息とし、本契約が終了したときは、甲は、本件 OA 機器の返還を受けるのと引換えに、乙に対し、これを返還するものとする。

　（以下略）

　令和○年○○月○○日

　甲　　○　○　○　○　㊞　　　　　　乙　　○　○　○　○　㊞

解　説

1　文書の意義

(1) どのような場面で使われるか

- 本書式は、OA 機器を賃貸借する際に用いる契約書である。OA 機器に限らず、動産の賃貸借は、本書式を応用することができる。

(2) 類似の書面との異同

- 本書式は金融の実態を伴わない「オペレーティングリース」に用いられるものである。購入資金の金融という実態を賃貸借の形式で実現する「ファイナンスリース」には、書式 94 が用いられる。

- 本書式は有償で貸す賃貸借であり、無償で貸す場合には書式 37 の使用貸借契約が用いられる。

2　標準的な記載事項

- 賃貸の対象となる目的物の特定。機械などの動産の特定は、名称、もし当該機械を完全に特定できる個体番号などがあればその記載、ない場合は所在場所など他

の動産との区別ができる記載、数量などによって行う。また、目的物が代替物であって、種類と数量さえ条件を満たせば目的を達成する場合は、これらの条件が特定されていれば足りる。

- 使用目的が定められることもある。
- 賃貸期間ないし返還時期
- 賃料の金額、その支払の時期や方法
- 賃貸開始時における目的物の引渡しの時期や方法
- 賃貸終了時における目的物の返還の時期や方法。原状回復義務が定められることもある。
- 賃貸期間中の借主の遵守事項
- 賃貸期間中の目的物に関する費用負担
- 賃料の滞納や、原状回復義務の履行の担保のために、保証金の預託が定められることがある。
- 目的物に契約不適合（改正前民法の「瑕疵」）があった場合の責任や処理。追完、代金減額、損害賠償、解除などの効果を定める。

······································· 印 紙 税 ·······································

◢ 結 論

課税文書には該当しない。

◢ 解 説

土地以外の賃貸借契約書には、印紙税は課税されない。

なお、土地以外の賃貸借契約書については、以前は課税されていたが、1989（平成元）年4月1日以降作成されるものから課税が廃止されている。

37 機械使用貸借契約書

機械使用貸借契約書

　貸主○○○○（以下「甲」という。）と借主○○○○（以下「乙」という。）は、以下のとおり機械使用貸借契約を締結する。

第1条　契約の主旨

　　甲はその所有する下記記載の機械等（以下「本件機械」という。）を乙に使用させるものとする。

　　［機械の表示］

　　　名称（略）

　　　機械番号（略）

第2条　期間

　　本契約の期間は2年間（令和2年4月1日から令和4年3月31日まで）とする。ただし、期間満了の1か月前までに甲又は乙から書面による解約の申し出がないときは、本契約と同一条件でさらに1年間継続し、以後も同様とする。

第3条　使用料

　　本件機械の使用料は、無料とする。

第4条　引渡し

　　本件機械の引渡しは、令和2年4月1日に、機械の所在場所で、甲乙立会いのもとに行うものとする。

第5条　保証金

　　乙は、この契約から生ずることのある損害などの補償に充てるため、金○○円の保証金を、本契約成立日に甲に対し預託するものとする。ただし、この保証金は無利息とし、本契約が終了したときは、甲は、本件機械の引渡しを受けるのと引換えに、乙に対し、これを返還するものとする。

第6条　修理費等

　　本件機械の修理等の費用は、乙の負担とする。

　　（以下略）

令和○年○○月○○日

甲　○　○　○　○　㊞　　　　　乙　○　○　○　○　㊞

1　文書の意義

（1）どのような場面で使われるか

- 本書式は、機械を使用貸借する際に用いる契約書である。機械に限らず、動産の使用貸借は、本書式を応用することができる。使用貸借とは、無償で目的物を使用させる契約である。動産が無償で使用貸借される場合とは、何か別の契約に付随している場合（例えば、作業委託契約に付随してその作業用機械を使用させる場合）か、親族間の貸し借りなど経済的取引でない場合が多い。

（2）類似の書面との異同

- 本書式は無償で貸す使用貸借であり、有償で貸す場合には書式 36 の賃貸借契約が用いられる。

2　標準的な記載事項

- 使用貸借の対象となる目的物の特定。機械などの動産の特定は、名称、もし当該機械を完全に特定できる個体番号などがあればその記載、ない場合は所在場所など他の動産との区別ができる記載、数量などによって行う。また、目的物が代替物であって、種類と数量さえ条件を満たせば目的を達成する場合は、これらの条件が特定されていれば足りる。
- 使用目的
- 使用貸借期間ないし返還時期
- 使用貸借開始時における目的物の引渡しの時期や方法
- 使用貸借終了時における目的物の返還の時期や方法。原状回復義務の内容
- 使用貸借期間中の借主の遵守事項
- 賃料は定められないが、使用貸借期間中の目的物に関する費用については借主が負担するように定められることがある。
- また、賃料は定められないが、原状回復義務の損害賠償の担保のため、保証金の差し入れが定められることがある。
- 目的物に契約不適合（改正前民法の「瑕疵」）があった場合の責任や処理が定められる

ことがある。ただし、無償の契約なので、貸主の責任は原状で引き渡すことに限定
されることが通常である。

.... 印 紙 税 ....

◤ 結論

課税文書には該当しない。

◤ 解説

使用貸借契約書は、土地の使用貸借を含めすべて印紙税は課税されない。

なお、使用賃貸借契約書については、以前は課税されていたが、1989（平成元）年
4月1日以降作成されるものから課税が廃止されている。

第5章

卸売・小売に関する文書

38 売買基本契約書（商品卸売）

売買基本契約書

　売主〇〇〇〇（以下「甲」という。）と買主〇〇〇〇（以下「乙」という。）は、以下のとおり売買基本契約を締結する。

第1条　基本契約の目的
  1　甲は乙に対し、本契約に基づき、第2条に定める個別契約に従い、継続的に下記商品を売り渡し、乙はこれを買い受ける。
    (1)　「AAA」ブランドの服飾品
    (2)　「BBB」ブランドの服飾品
    (3)　その他甲及び乙が個別契約で合意する商品
  2　本基本契約は、個別契約に特段の定めのない限り、すべての個別契約に共通して適用される。本基本契約の定めと個別契約の定めに齟齬がある場合、個別契約の定めが優先する。

第2条　個別契約
  1　個別契約は、乙が甲の所定の様式による注文書により、①発注日②品名③数量④単価及び合計金額⑤納期⑥納入場所を指定して甲に発注し、甲がこれを承諾することで成立する。
  2　甲は、発注を承諾しない場合は、直ちに乙に対しその旨書面で通知しなければならない。

第3条　商品の引渡し及び検収
  1　甲は、個別契約に定める納期までに、個別契約に定める納入場所において、乙に本商品を引き渡す。
  2　乙は、引渡しを受けた場合、直ちに乙の定めた検査規定及び検査方法に基づいた検査を行い、合格したもののみを受領する。

第4条　所有権の移転
　　本商品の所有権は、前条の検収合格・受領と同時に、甲から乙へ移転する。

第5条　代金の支払

　　甲は商品代金を毎月○日で締切り、翌月○日までに乙に対し請求書を発出し、乙は翌月○日（金融機関休業日の場合は翌営業日）までに甲の指定する銀行口座に振り込むものとする。振込手数料は甲の負担とする。

（以下略）

令和○年○○月○○日

甲　○　○　○　○　㊞　　　　　乙　○　○　○　○　㊞

解　説

1　文書の意義

（1）どのような場面で使われるか

- 本書式は、商品を継続的に販売する際の売買の基本契約書である。本契約書は基本契約書であり、売買契約の必須要素である目的物と代金の決定は個別契約書に委ねているので、これらを定めた個別契約書と一体になって初めて具体的な契約が成立する。個別契約書には、書式 **2** の「注文書及び注文請書」や書式 **31** の「売買個別契約書」が該当する。

（2）類似の書面との異同

- 書式 **32** の製作物供給契約も製品・商品を供給する契約であるが、本書式の売買基本契約が単なる商品を売買する契約であるのに対し、書式 **32** の製作物供給契約が製品を製造するという仕事の完成を請け負う契約である点で異なる。しかし、目的物の出所が違うだけで、両方とも結果として目的物を引き渡して代金を得るという点で共通するので、契約書上は、本書式の売買基本契約では目的物の内容を既製商品の品番などで示すのに対し、書式 **32** の製作物供給契約では目的物の内容が仕様書で示されるという程度であって、さほど大きな違いはない。

2　標準的な記載事項

- 売買契約は、売買の対象となる目的物の特定と、売買代金の金額が必須の要素であるが、本書式は、これらの事項の決定を個別契約に委ねて、その他の条件を決定するものである。したがって、これらの事項が定められた個別契約と一体となって初めて売買契約として成立することになる。

- 個別契約の締結の手順
- 売買代金の支払の時期や方法
- 目的物の引渡しの時期や方法、及び検収の時期や方法。なお、引渡しは動産（登録制度のある自動車など若干の例外を除く）の対抗要件（買主が第三者に対して自己の権利を確定的に主張するための要件）である。
- 所有権の移転時期
- 目的物に契約不適合（改正前民法の「瑕疵」）があった場合の責任や処理。追完、代金減額、損害賠償、解除などの効果を定める。
- 契約解除の条件や方法。基本契約の解除のほか、個別契約の解除についても定められる。
- 契約期間

印 紙 税

◪ 結論

第7号文書（継続的取引の基本となる契約書）に該当し、4千円の印紙税が課税される。

◪ 解説（印紙税重要事項の解説 3 参照）

営業者間において売買に関する二以上の取引を継続して行うため作成される契約書で、目的物の種類、対価の支払方法等を定めるものであるから、第7号文書に該当する。

販売代理店契約書

販売代理店契約書

売主○○○○（以下「甲」という。）と買主・販売代理店○○○○（以下「乙」という。）は、以下のとおり販売代理店契約を締結する。

第1条　販売代理店

甲は、乙を、末尾別表に記載の商品及び甲及び乙が個別契約で合意する商品（以下「本件商品」という。）につき、○○地域における非独占的販売代理店に指名し、乙はかかる指名を受諾する。甲は、○○地域における本件商品の販売について、第三者を非独占的販売代理店に指名することを妨げられない。

第2条　知的財産権の使用・実施許諾

1　乙は、本件商品は甲が開発したものであり、本件商品の仕様及びこれらに関する一切の技術、情報は開発者の専有的財産であり、取引上の機密、ノウハウ、その他の法律ないし事実上保護されているもの（出願中のものを含む。）が含まれているものであることを認識し、確認する。

2　甲は、乙に対し、乙が本件商品を○○地域において販売する目的の範囲内で、本件商品に関し甲が使用する権限を有するすべての商標、商号その他一切の知的財産権の使用又は実施を許諾する。

第3条　基本契約の目的

1　甲は乙に対し、本契約に基づき、第2条に定める個別契約に従い、継続的に本件商品を売り渡し、乙はこれを買い受ける。

2　本契約は、個別契約に特段の定めのない限り、すべての個別契約に共通して適用される。本基本契約の定めと個別契約の定めに齟齬がある場合、個別契約の定めが優先する。

第4条　個別契約

1　個別契約は、乙が甲の所定の様式による注文書により、①発注日②品名③数量④単価及び合計金額⑤納期⑥納入場所を指定して甲に発注し、甲がこれを承諾することで成立する。

2　甲は、発注を承諾しない場合は、直ちに乙に対しその旨書面で通知しなければならない。

第5条　商品の引渡し及び検収

1　甲は、個別契約に定める納期までに、個別契約に定める納入場所において、乙に本商品を引き渡す。

2　乙は、引渡しを受けた場合、直ちに乙の定めた検査規定及び検査方法に基づいた検査を行い、合格したもののみを受領する。

第6条　所有権の移転

本商品の所有権は、前条の検収合格・受領と同時に、甲から乙へ移転する。

第7条　代金の支払

甲は商品代金を毎月○日で締切り、翌月○日までに乙に対し請求書を発出し、乙は翌月○日（金融機関休業日の場合は翌営業日）までに甲の指定する銀行口座に振り込むものとする。振込手数料は甲の負担とする。

（以下略）

令和○年○○月○○日

甲　　○　○　○　○　㊞　　　　　　乙　　○　○　○　○　㊞

解　説

1　文書の意義

（1）どのような場面で使われるか

- 本書式は、商品を仕入れて売る販売代理店を指定し、当該販売代理店に対して商品を継続的に販売する際の売買の基本契約書である。本書式の販売代理店契約は、法的には、販売代理店を指定して商標等をライセンスする契約（書式 43）と、継続的な商品の売買基本契約（書式 38）が混合した契約である。

- 本契約書は基本契約書であり、売買契約の必須要素である目的物と代金の決定は個別契約書に委ねているので、これらを定めた個別契約書と一体になって初めて具体的な契約が成立する。個別契約書には、書式 2 の「注文書及び注文請書」や書式 31 の「売買個別契約書」が該当する。

- 「販売代理」という名称が使われる契約は、本書式のように販売代理店が商品を仕入れて売る契約を指すことが多い。しかし、同じ「販売代理」という名称で、売

主たる委託者から商品を預かり、売主を代理して買主との間で売買契約を成立させて売り渡す、委託販売契約（書式 **40** の契約）を指すこともある（むしろ「販売代理」という用語はこちらに馴染む）ので、注意が必要である。

（2）類似の書面との異同

- 書式 **40** の委託販売契約も、「販売代理」という名称で呼ばれることがある。本書式の契約は、販売代理店が買主として商品を仕入れて売主として顧客に対して売る、売買基本契約であるが、書式 **40** の委託販売契約は、受託者が売主たる委託者を代理して買主たる顧客に対して売る、準委任契約である。

2 標準的な記載事項

- 販売代理店契約は、販売代理店を指定して商標等をライセンスする契約（書式 **43** 商標使用許諾契約）と、継続的な商品の売買基本契約（書式 **38** 継続的商品売買基本契約）が混合した契約である。
- 販売代理店を指定して商標等をライセンスする契約の要素に関する記載事項は、書式 **43** の商標使用許諾契約と同様であるので、そちらの解説を参照されたい。
- 継続的な商品の売買基本契約の要素に関する記載事項は、書式 **38** の売買基本契約と同様であるので、そちらの解説を参照されたい。

印 紙 税

結論

第7号文書（継続的取引の基本となる契約書）に該当し、4千円の印紙税が課税される。

解説（印紙税重要事項の解説 **3** 参照）

営業者間において売買に関する二以上の取引を継続して行うために作成される契約書で、目的物の種類等を定めるものであるから、第7号文書に該当する。

40 委託販売契約書

委託販売契約書

委託者○○○○（以下「甲」という。）と受託者○○○○（以下「乙」という。）は、以下のとおり委託販売契約を締結する。

第1条　販売委託

　　甲は、乙に対し、甲の商品である○○○○（以下「本件商品」という。）の販売業務を乙に委託し、乙はこれを受託する。

第2条　販売手数料

　1　販売手数料は、本件商品1個につき800円（税別）とする。ただし、販売手数料は今後の販売実績数に応じて変更できるものとし、具体的な料率又は金額については甲乙協議のうえ決定するものとする。

　2　販売手数料の支払は、乙が商品販売時に小売価格（3980円：税別）を直接顧客から回収し、卸値価格（3180円：税別）×販売数の金額及びこれに対する消費税を、甲の指定する銀行口座に振込送金する方法により支払う。振込手数料は乙の負担とする。

　3　上記金員の支払については、乙が当月末日付けにて販売数を確認のうえ翌月5日までに販売数を報告し、甲が翌月10日までに請求し、乙が請求額を翌月末日までに支払うものとする。

第3条　返金の場合の処理

　　本件商品をクレーム等の理由により顧客へ返金する事態が発生した際は、その金額を甲が負担する。この場合、乙は当該商品に対する前条の手数料を、甲に対して返還する。

第4条　費用

　　乙の販売業務に関する費用（広告宣伝費、通信費、メール配信システム費用等）は、乙が負担する。ただし、甲が乙へ商品を納品する際の送料は甲が負担する。

　（以下略）

　令和○年○○月○○日

　甲　　○　○　○　○　㊞　　　　　乙　　○　○　○　○　㊞

1 文書の意義

(1) どのような場面で使われるか

- 本書式は、委託販売契約に用いる契約書である。受託者自身は買主となって商品を購入したり売主となって販売したりすることなく、売主たる委託者から商品を預かり、売主を代理して買主との間で売買契約を成立させて売り渡しているので、本契約は準委任契約である。

(2) 類似の書面との異同

- 本書式の委託販売契約も、書式 39 の契約と同様に「販売代理」という名称で呼ばれることがある。「販売代理」という用語は、本来は、本書式のように受託者が売主たる委託者を「代理して」買主たる顧客に対して売る準委任契約に馴染む用語である。書式 39 の販売代理店契約は、販売代理店が買主として商品を仕入れて売主として顧客に対して売る売買基本契約であり、法的な意味での「代理」の要素は薄い。しかし実務上は、「販売代理」というと書式 39 の販売代理店契約を意味していることが多い。

2 標準的な記載事項

- 委託を受ける業務の内容
- 委託業務の代金の金額、その支払の時期や方法
- 委託業務の提供期間

印 紙 税

◤ 結論

第7号文書（継続的取引の基本となる契約書）に該当し、4千円の印紙税が課税される。

◤ 解説（印紙税重要事項の解説 3 参照）

営業者間において売買の委託に関する二以上の取引を継続して行うために作成される契約書で、目的物の種類等を定めるものであるから、第7号文書に該当する。

41 リベート（割戻金支払）契約

覚 書

売主○○○○（以下「甲」という。）と買主○○○○（以下「乙」という。）は、甲乙間の令和○年○○月○○日付商品売買基本契約（以下「原契約」という。）について、以下のとおり合意する。

第1条　販売目標

甲及び乙は、原契約に基づく甲の乙に対する本件商品の月間販売目標額及び年間販売目標額（いずれも税抜）を、以下のとおり設定する。

月間販売額目標額　　1,000,000円

年間販売額目標額　15,000,000円

第2条　契約達成報奨金

1　乙が月間販売額目標額の売上を達成した場合、甲は、乙に対し、翌月末において、当月売上高の1％を契約達成報奨金（税別）として支払うものとする。

2　乙が、年間販売額計算期間（以下「計算期間」という。）において、年間販売額目標額の売上を達成した場合、甲は、乙に対し、計算期間末月の翌月末において、750,000円（税別）から計算期間中に本条1項に基づき支払った額を控除した差額を、契約達成報奨金として支払うものとする。

令和○年○○月○○日

甲　○　○　○　○　㊞　　　　　乙　○　○　○　○　㊞

解 説

1 文書の意義

(1) どのような場面で使われるか

- 本書式は、メーカーなどが、自社の商品を取り扱う小売店などに対して、販売促進のため、販売実績に応じてリベートを支払う場合に用いる契約書である。前提と

して、継続的商品売買基本契約（書式 **30**）や販売代理店契約（書式 **39**）が当事者間にあり、これらの契約に基づく売買の付随条件を定めるものである。したがって、これらの契約に関する書式 **4** の確認書、又は従前の条件の変更を伴うのであれば、書式 **25** のような変更契約書と同様の法的性質を有する。また、販売促進という事務処理を委託する準委任契約のような性質も有する。

（2）類似の書面との異同

- 書式 **4** の確認書と同様の法的性質を有するため、書式の構造も同様となっている。

2　標準的な記載事項

- リベートの発生する条件。一定期間における一定の販売実績の達成などが条件となる。
- リベートの代金の金額又は計算方法、その支払の時期や方法

印 紙 税

結論

第7号文書（継続的取引の基本となる契約書）に該当し、4千円の印紙税が課税される。

解説

割戻金に関する事項は、第7号文書の重要な事項には該当しないが、併せて定めている販売目標額は、第7号文書の重要な事項である「取扱数量（取引金額を含む。）」に該当するので、再度第7号文書として課税される。

チェックポイント

売買契約についてのリベート額の計算方法、リベートの支払時期又は支払方法のみを定める文書は、課税文書には該当しない。

なお、原契約書が請負基本契約書の場合で、そのリベート額の計算方法又は支払方法を補充又は変更する文書については、第7号文書には該当しないが、記載金額のない第2号文書（請負に関する契約書）に該当し、200円の印紙税が課税されることに留意する必要がある。

フランチャイズ契約書

　フランチャイズ本部○○○○（以下「甲」という。）とフランチャイズ加盟店○○○○（以下「乙」という。）は、甲を本部とし乙を加盟店とする飲食店事業に関し、以下のとおりフランチャイズ契約を締結する。

第1条　目的
　1　甲は、本契約の条項に基づき、本部として、乙に対して、別紙使用商標一覧に掲げる商標を用いて、甲のブランドイメージのもとに、甲が飲食店事業の経営について甲の経験によって蓄積し組織的に統合した経営ノウハウシステム（以下「本件経営システム」という。）によって行われる飲食店事業（以下「本件事業」という。）を、加盟店として乙が本件事業を行う店舗として甲と合意した店舗（以下「営業店舗」という。）において加盟店営業を経営することを許諾し、かつ継続的に本件経営システムによる経営指導を行うことを約する。
　2　乙は、本契約の条項に基づき、甲の許諾のもとに、加盟店として営業を行い、かつ甲に対し所定の費用を支払うことを約する。

第2条　独立の事業者
　　本部たる甲と加盟店たる乙とはそれぞれ独立の事業者であり、双方が相手方の代理人、使用人その他相手方のために法的行為を行う何らの権限や地位をもつものではなく、乙の営業は乙の手腕によりすべて乙の名の下に乙の計算において行われ、顧客・取引先・従業員・業務委託先等に対しては乙が一切の責任を負い、甲は責任を負わないことを確認する。

第3条　初期費用
　　乙は、本契約締結後10日以内に、初期費用として1,000,000円（税別）を、甲に対して別途甲が指定する金融機関口座に振り込んで支払う。初期費用は、営業店舗の開店に関する必須研修の費用及び本部の経営指導費用を含み、いかなる事由によっても返金しない。

第4条　営業店舗の開業権

1　乙は、前条の初期費用の完成により、甲との協議により合意に至った内容で、営業店舗を開店して本件事業を開業する権利を取得する。

2　本契約の有効期間は、契約締結日より2年間とする。ただし、期間満了の3か月前までに、甲又は乙から何ら意思表示のない限り、本契約は自動的に1年間延長されるものとし、以後も同様とする。

第5条　ライセンス

1　甲は、乙に対し、営業店舗における本件事業に用いる目的のみで、本件経営システムに基づき甲の承認する方法で使用商標を使用することを許諾する。

2　乙は、使用商標について、甲が一切の商標権・著作権その他の知的財産権を有し、乙が前項に定める使用権のほか一切の権利を有していないことを確認し、使用商標と同一又は類似する商標について、これらを会社の商号として登記し、商標登録し、その他の方法で権利を取得して使用してはならない。

3　乙は、本件事業においては、第1項の使用商標以外の商標を使用してはならない。

第6条　経営指導

1　甲は、乙の加盟店営業につき、本件経営システムに基づき、以下の経営指導・助言を行う。

⑴　営業店舗の場所の選定、外装・内装及び設備に関する指導・助言

⑵　調理、接客に関する指導・助言

⑶　販売商品に関する指導・助言

⑷　販売促進に関する指導・助言

⑸　取引関係に関する指導・助言

⑹　労務に関する指導・助言

⑺　会計・税務に関する指導・助言

⑻　その他加盟店営業の経営全般に関する指導・助言

2　乙は、本件経営システムその他開示情報について、甲が一切の著作権・営業秘密としての権利その他の知的財産権及び所有権を有し、乙が一切の権利を有していないことを確認する。

第7条　販売商品

1　甲は、乙に対し、必須研修において、加盟店営業において提供すべきメニュー並びにそのレシピ及び調理方法に関するノウハウを提供する。

2　乙は、加盟店営業においては、甲乙協議のうえ定めたメニュー及び料金による商品提供を行わなければならず、甲乙協議のうえ定めたメニュー及び料金を無

断で変更してはならない。

第8条　原材料

　　1　乙は、甲が指定するメニューの調理においては、甲が本件事業における販売商品のために開発した原材料（以下「指定原材料」という。）を、甲の所定の価格で甲から購入し、加盟店営業の調理において使用しなければならない。かかる原材料の売買条件については、商品毎に甲乙協議のうえ定める。

　　2　指定原材料以外の原材料については、乙が独自にその原材料を調達することができる。ただし、当該原材料は本件経営システム及びブランドイメージに適合するものでなければならない。

第9条　販売促進

　　（中略）

第15条　ランニング・ロイヤルティ

　　1　乙は、営業店舗の開業日の属する月から本契約が終了するまで、次に掲げる金額のランニング・ロイヤルティ（いずれも税別）を、甲に対して支払う。

　　（1）開業日から6か月目の日の属する月まで　毎月10万円

　　（2）開業日から6か月目の日の属する月の翌月から本契約の終了するまで　毎月20万円

　　2　ランニング・ロイヤルティは、別途甲が指定する金融機関口座に振り込んで支払う。振込手数料は、乙の負担とする。

第16条　保証金

　　本条に定める乙の甲に対するランニング・ロイヤルティの支払を担保するため、乙は、営業店舗の開業日の前日までに、甲に対して、保証金100万円を提供する。甲は、本条に定める乙の甲に対するランニング・ロイヤルティの支払がなかった場合、保証金と未払のランニング・ロイヤルティを相殺することができる。乙は、本条に基づいて支払うべきランニング・ロイヤルティと、保証金を相殺することはできない。保証金には利息を付さず、乙が本契約終了後甲に対するすべての債務を完済した後に、甲が乙に対して差額を返還する。

　　（以下略）

　　令和○年○○月○○日

　　甲　　○　○　○　○　　㊞　　　　　　乙　　○　○　○　○　　㊞

解 説

1 文書の意義

（1）どのような場面で使われるか

- 本書式は、フランチャイズ契約の契約書である。フランチャイズ契約は、フランチャイザー（フランチャイズ本部）が、自己のブランドや指定商品や経営ノウハウを、フランチャイジー（フランチャイズ加盟店、フランチャイズオーナー）に対して提供して、経営をさせる契約である。フランチャイズ契約の法的内容は、①フランチャイザーからのブランドの提供は商標ライセンス契約、②フランチャイザーからの指定商品（フランチャイザーが開発や共同購入した商品）の提供は継続的商品売買契約、③フランチャイザーからの経営ノウハウの提供はコンサルティング契約の複合契約であることが典型例である。しかし、①から③のいずれかの要素が欠落することや、リベート契約、動産や不動産の賃貸借契約や使用貸借契約、金銭消費貸借契約などが組み合わされることもあり、「フランチャイズ契約」という名称のみでその契約内容を一律に判断することはできない。

（2）類似の書面との異同

- 本書式は、典型的なフランチャイズ契約として、上記①フランチャイザーからのブランドの提供＝商標ライセンス契約、②フランチャイザーからの指定商品（フランチャイザーが開発や共同購入した商品）の提供＝継続的商品売買契約、③フランチャイザーからの経営ノウハウの提供＝コンサルティング契約の要素を有した書式を示している。①商標ライセンス契約については書式 **43**、②継続的商品売買契約については書式 **30**、③コンサルティング契約については書式 **61** とそれぞれ類似することになるので、参照比較されたい。

2 標準的な記載事項

- ①フランチャイザーからのブランドの提供＝商標ライセンス契約の要素に関する記載事項は、書式 **43** と同様であるので、そちらの解説を参照されたい。ただし、書式 **43** は独占的使用を認める専用使用権の設定の契約書であるが、フランチャイズ契約では独占的使用は認めない通常使用権の設定となる。
- ②フランチャイザーからの指定商品（フランチャイザーが開発や共同購入した商品）の提供＝継続的商品売買契約の要素に関する記載事項は、書式 **30** と同様であるので、そちらの解説を参照されたい。

- ③フランチャイザーからの経営ノウハウの提供＝コンサルティング契約の要素に関する記載事項は、書式 **61** と同様であるので、そちらの解説を参照されたい。

・・・・・・・・・・・・・・ 印 紙 税 ・・・・・・・・・・・・・・

◢ 結論

　第7号文書（継続的取引の基本となる契約書）に該当し、4千円の印紙税が課税される。

◢ 解説（印紙税重要事項の解説 **3** 参照）

　第8条において、甲が開発した原材料（指定原材料）については、乙が甲から購入する旨の定めがある。したがって、営業間において売買に関する二以上の取引を継続して行うため作成される契約書で、目的物の種類を定めるものであるから、第7号文書として課税される。

　なお、商標等の知的財産権の使用を許諾するにとどまる約定の文書の場合は、課税文書には該当しない。

　商標権等の無体財産権の使用許諾契約書については、以前は課税されていたが、1989（平成元）年4月1日以降作成されるものから課税が廃止されている。

　また、経営ノウハウを提供するコンサルティング契約書は、準委任契約書に該当するので、課税文書には該当しない。

43 商標使用許諾契約書

商標使用許諾契約書

　商標権者○○○○（以下「甲」という。）と使用者○○○○（以下「乙」という。）は、以下のとおり商標使用許諾契約を締結する。

第1条　商標使用権の許諾

　1　甲は、甲が商標登録出願中の本件商標についての使用権を、以下のとおり乙に独占的に許諾する。乙は、本件商標を付した本件製品を製造し、第三者に販売することができる。

　　(1)　本件商標　登録出願番号：第○○○号
　　　　　　　　　　商品の区分：第○○類
　　　　　　　　　　指定商品：○○○○○○

　　(2)　使用許諾される地域　○○○○○○

　　(3)　本件製品　○○○○

　　(4)　実施期間　令和2年4月1日から令和7年3月31日まで

　2　甲は、実施期間中、本件地域内で本件商標を本件製品に使用せず、また第三者に対して使用を許諾しないことを約する。

　3　本件商標を付した本件製品の製造・販売にあたっては、乙は、甲が適宜与える指示に従わなければならない。

第2条　商標登録後の甲の義務

　甲は、本件商標につき登録査定を受けたときは、速やかに商標登録手続を行う。商標登録後、甲は、乙と別途本契約に準ずる本件商標の専用実施権設定契約を締結し、かかる専用使用権設定登録をするものとする。

第3条　ロイヤルティ

　乙は、商標使用権の対価として、甲に対して以下のとおりロイヤルティを支払うものとする。

　　(1)　ロイヤルティ額の算定：乙が本契約に基づいて販売する、本件商標を付した本件製品の正味販売価額（毎暦月1日から毎暦月末

日まで）の５％。ただし、乙は、ミニマム・ロイヤルティーとして、正味販売額の金額にかかわらず、毎月200,000円を支払う（いずれも税別とする。）。

(2) 支払日：翌暦月末日払

(3) 支払方法：甲の指定する銀行口座に電信送金で振込んで支払う。

第６条 使用状況の報告義務

1 乙は、毎暦月10日までに、前暦月の本件商品の生産数量、販売数量、純販売価額等、本件商標の実施状況を明記した報告書を甲に提出しなければならない。

2 乙は、前項の報告書に記載すべき事項を正確に記載した記録を作成保持し、甲の請求があったときはその記録その他一切の資料を甲に閲覧させなければならない。

3 甲は、遅くとも３営業日前に通知のうえで、乙の工場及び事務所を、合理的な時間に立入調査することができる。

（以下略）

令和○年○○月○○日

甲 ○ ○ ○ ○ 印   乙 ○ ○ ○ ○ 印

解説

1 文書の意義

(1) どのような場面で使われるか

• 本書式は、商標権の対象である商標の使用を他社に許諾する際に用いられる契約書であり、「ライセンス契約」と呼ばれる。特許庁に出願したが審査・登録が未了である出願中の商標のライセンス契約にも応用が可能であり、本書式は、出願中の商標のライセンス契約の例を示している。

• 商標の使用許諾には、実施権者がその特許発明の実施をする権利を専有する「専用使用権」の設定と、専有しない「通常使用権」の設定の制度がある。本書式は、専用使用権の設定の契約を示している。

(2) 類似の書面との異同

• 知的財産権のうち、①特許庁に登録することによって権利として保護される、発明

を保護する特許権、②考案（発明まで至らない技術的アイデア）を保護する実用新案権、③意匠（デザイン）を保護する意匠権も、特許庁に登録することによって保護される権利であるが、実施許諾範囲の設定などが様相を異にする。これらに関する利用許諾の契約書は、書式 **34** を参照されたい。

- 知的財産権のうち、著作物や、営業秘密（ノウハウやデータ）は、特許庁に登録されなくても、権利として保護されるものであり、手続などが様相を異にする。これらの使用許諾は、書式 **74** を参照されたい。

2 標準的な記載事項

- 使用許諾の対象となる商標の特定。商標権の対象となる商標は特許庁に登録されているので、その登録番号を特定することにより、商標の特定は可能である。未登録・出願中の商標の特定は、特許庁の出願番号や公開番号で行う。
- 使用目的
- 使用許諾の期間
- 許諾料（「ライセンス料」「ロイヤルティ」と呼ばれる）の金額、その支払の時期や方法
- 許諾期間中の使用者（「ライセンシー」）の遵守事項
- 商標権が出願中の場合、商標権の登録に関する事項
- 目的物に契約不適合（改正前民法の「瑕疵」）があった場合の責任や処理。無効原因があって商標権が無効になったり、他社の権利（実施許諾権）などが設定されていたりして、完全な商標権の行使ができなくなるケースを想定する。代金減額、損害賠償、解除などの効果を定める。商標権の唯一無二の性格上、追完の効果が定められることは少ない。

.... 印 紙 税 ....

▨ 結論

課税文書には該当しない。

▨ 解説

無体財産権に係る契約書のうち、課税されるものは、特許権、実用新案権、商標権、意匠権、回路配置利用権、育成者権、商号及び著作権（以下「特許権等」という）の譲渡に関する契約書（第1号の1文書）である。

したがって、特許出願権、ノウハウなど、これら以外の無体財産権の譲渡に関する

契約書は、課税文書には該当しない。

　また、特許権等の実施権又は使用権の設定に関する契約書については、以前は課税されていたが、1989（平成元）年4月1日以降作成されるものから、課税が廃止されている。

44 広告代理店契約書

インターネット広告代理店契約書

　広告主○○○○（以下「甲」という。）と広告代理店○○○○（以下「乙」という。）は、以下のとおりインターネット広告代理店契約を締結した。

第1条　業務委託の内容
1　甲は、甲の商品及び役務のインターネット上での広告宣伝に関する以下の業務（以下「本件業務」という。）を乙に委託し、乙はこれを受託する。
(1)　広告宣伝方法の企画立案、提案
(2)　広告デザインの企画、制作
(3)　広告出稿の代理
(4)　広告効果の測定及びデータの分析
(5)　前各号に付随する広告宣伝活動の一切
2　広告宣伝の方法は、①テキスト広告②バナー広告③タイアップ広告④動画広告とする。
3　乙が広告出稿を行う場合は、当該広告の内容、方法及び広告料（メディアに対する出稿料金及び乙の報酬を含む。）を事前に甲に通知し、甲の書面による承諾を得るものとする。

第2条　広告料
1　甲から乙に支払う広告料（メディアに対する出稿料金及び乙の報酬を含む。）は、広告出稿ごとに乙が決定する。
2　広告料は、広告出稿日をもって支払義務が発生するものとし、当月月末締めで乙が甲に対して請求し、甲は翌月末に乙指定の口座に支払うものとする。ただし、複数月にわたり出稿する広告に関しては、当該月分で精算する。

第3条　コンテンツの著作権
1　乙が、本契約以前から所有していたコンテンツ、自ら制作し、又は第三者に制作させたコンテンツ及び第三者から購入したコンテンツの著作権（著作権法第27条及び第28条の権利を含む。）は、広告出稿後も乙に帰属するものとする。

2　本契約のために甲が乙に提供したコンテンツについての著作権は、甲に帰属する。

第4条　免責

　　（以下略）

　　令和○年○○月○○日

　　甲　　○　○　○　○　㊞　　　　　　乙　　○　○　○　○　㊞

解　説

1　文書の意義

（1）どのような場面で使われるか

- 本書式は、インターネット上の広告の企画立案・制作・出稿等を委託する契約書である。広告出稿を仕事の完成として料金が支払われるものなので、請負契約となる。

（2）類似の書面との異同

- インターネット上での広告効果を追求するという意味で、書式 **73** の SEO 対策と同様の業務であり、実際に本書式の広告代理店契約に書式 **73** の SEO 対策業務委託契約が含まれるものも少なくない。本書式のインターネット広告代理は、広告出稿という仕事の完成が目的となるため請負契約となるが、書式 **73** の SEO 対策は、継続的な業務であり明確な仕事の完成を概念しがたいため準委任契約になる（ただし、同書式の箇所で解説しているように、請負契約との区別は微妙である）。

2　標準的な記載事項

- 請け負う仕事の内容、すなわち広告代理業務の内容
- 請負代金の金額、その支払の時期や方法
- 成果物の権利の帰属。請負契約では通常は成果物の権利は注文者に移転させるが、広告はコンテンツの創作物を含むので必ずしも通常どおりとは限らない。
- 成果物に契約不適合（改正前民法の「瑕疵」）があった場合の責任や処理。追完、代金減額、損害賠償、解除などの効果を定める。

◢ 結論

第 7 号文書 (継続的取引の基本となる契約書) に該当し、 4 千円の印紙税が課税される。

◢ 解説 (印紙税重要事項の解説 **5** 参照)

第 2 号文書と第 7 号文書 (継続的取引の基本となる契約書) に同時該当するが、契約金額の記載がないので、通則 3 のイの規定により、第 7 号文書に所属が決定される。

45 営業保証金預り証

保証金預り証

株式会社○○○○　御中

金300万円

　貴社との令和○年○○月○○日付売買基本契約（以下「本契約」といいます。）に基づく債務の支払の担保として、上記金額を保証金としてお預かりいたしました。

　保証金は、本契約終了時に、本契約に基づく貴社の債務がある場合、これを控除したうえで返金します。

　保証金には、利息は付さないものとします。

令和○年○○月○○日

○　○　○　○　　印

解説

1 文書の意義

(1) どのような場面で使われるか

・本書式は、継続的売買取引（書式 30）などの前提として、営業保証金を預かる場合に用いる保証金の預り証である。差し入れ形式であるが、預かった者が預けた者に対して返金する約束及びその条件等が示されているので、法律的には寄託契約の契約書になる。

(2) 類似の書面との異同

・書式 3-1 の領収書と似ているが、上記のとおり返還義務が記された寄託契約書である。

・どちらかというと、法律的には、書式 88 の消費貸借契約に近い効果を有している。

2 標準的な記載事項

- 預り金の目的。目的は何らかの契約に関する担保であるから、その契約を特定する。契約の特定は、契約当事者、契約締結日、契約名称によってするのが通常である。
- 返金義務の内容 (返金の時点、相殺の約定など)

印 紙 税

◢ 結論

第17号の 2 文書 (売上代金以外の金銭の受取書) に該当し、200円の印紙税が課税される。

◢ 解説

保証金は、売上代金には該当しないので、第17号の 2 文書として課税される。

第**6**章

物流・運輸に関する
文書

旅客運送契約申込書

旅客運送契約申込書

申込者は太枠の中をお書きください。

		申込日	

申込者	住所	
	氏名	

運送を引き受ける者	住所	○○県○○○○
	名称	○○○○バス株式会社
	事業許可	第○○号　営業区域：○○県

申込乗車人員	○人	車種別の車両数	中型バス　1台

配車日時	○月○日　○時	配車場所	

月日	発地	発車時刻	運行の経路	到着時刻	着地	宿泊場所	待機時間
○月○日	○○	○○	○○	○○	○○	○○	○○
○月○日	○○	○○	○○	○○	○○	○○	○○

運賃及び料金の支払方法	□銀行振込　□現金　支払期日　○月○日	走行距離	200km
		走行時間	5時間　　分

特約事項		運賃・料金（税抜）	88,000円

上記のとおり運送を引き受けます。

　令和○年○○月○○日

　　　　　　○○○○バス株式会社　営業部　○○○○㊞

1 文書の意義

(1) どのような場面で使われるか

- 本書式は、バス会社が旅行を引き受ける場合に用いる、旅客運送の契約書である。一定の旅行という仕事の完成を委託する、請負契約である。

(2) 類似の書面との異同

- 貨物の運送については、書式 47 を用いる。

2 標準的な記載事項

- 請け負う仕事の内容、すなわち旅行の内容
- 請負代金の金額、その支払の時期や方法
- その他の契約の諸条件は、旅客運送については多くの場合は約款が定められており、そこに記載されている。

印 紙 税

▱ 結論

引受事実を記載して返還する文書は、8万8千円を記載金額とする第1号の4文書（運送に関する契約書）に該当し、200円の印紙税が課税される。

▱ 解説

顧客がバス会社に提出する「申込書」は契約書に該当せず、印紙税は課税されない。

しかしながら、申込書の下部を利用して「引受ける旨を記載し」、これを顧客に返還する場合は、この文書は契約書に該当することになる。そして、その文書の作成者（納税義務者）は、バス会社となる。

▱ チェックポイント

口頭で引き受ける旨の連絡を行う場合、すなわち、引き受ける旨の文書を作成交付しない場合は、印紙税は課税されない（課税原因は発生しない）。

また、「運送引受書」（証書）を交付せず、乗車にあたって呈示を求める「乗車券」（証券）を交付する場合は、その「乗車券」は課税文書には該当しない。

47 貨物運送基本契約書

貨物運送基本契約書

　運送委託者○○○○ (以下「甲」という。)運送受託者○○○○ (以下「乙」という。)は、以下のとおり貨物運送基本契約を締結する。

第1条　目的
　　甲は、乙に対し、甲の指定する貨物の運送業務(以下「本件業務」という。)を委託し、乙はこれを受託する。

第2条　委託業務
　　甲が乙に委託する業務は以下のとおりとする。
　(1)　甲の指定する貨物を甲の物流センターから甲指定の倉庫への運送する業務
　(2)　前号に定める業務に附帯する業務

第3条　貨物運送の委託
　　甲が乙に貨物運送を委託する場合、出発時間、到着時間、到着場所、車両等を記載した乙所定の様式の運送状を発出し、乙は甲に対して運送引受書を発出する。

第4条　運賃・料金
　1　甲は、乙に対し、別紙運賃料金表記載の運賃料金を支払う。
　2　前項の運賃・料金等は、燃料の高騰、公租公課の変更等の見直しなどその他の理由があった場合、甲乙協議のうえ改定することができる。
　3　乙は本条に定める運賃・料金を毎月末日で締切り、翌月10日までに甲に対し請求書を発出し、甲は翌月末日 (金融機関休業日の場合は翌営業日) までに乙の指定する銀行口座に振り込むものとする。振込手数料は甲の負担とする。

第5条　最低保証運賃額
　　前条の運賃の最低保証金額を毎月50万円 (消費税別) とし、甲は、乙に対し、毎月最低保証金額以上の業務を委託する。

第6条　契約期間
　　本契約の有効期間は、令和2年4月1日から令和3年3月31日までとする。

ただし、甲乙双方から契約終了の意思表示がない限り、同一条件で自動更新されるものとし、更新後の期間の終了時も同様とする。

（以下略）

　令和〇年〇〇月〇〇日

　甲　　〇　〇　〇　〇　㊞　　　　　乙　　〇　〇　〇　〇　㊞

運賃料金表（消費税別）

1　距離制運賃表

発地から着地までの距離	運賃料金
10kmまで	5,000円
50kmまで	7,000円
100kmまで	10,000円
200kmまで	20,000円
以後10kmまでを増すごとに	1,000円　加算

2　時間制運賃表

発地から着地までの時間	運賃料金
1時間まで	5,000円
2時間まで	7,000円
4時間まで	10,000円
8時間まで	20,000円
以後1時間までを増すごとに	5,000円　加算

　距離制運賃と時間制運賃の選択は、事前に取り決めてから運行する。

　有料道路の料金は、別途実費を請求する。

1 文書の意義

(1) どのような場面で使われるか

- 本書式は、貨物の運送を継続的に委託する請負の基本契約書である。本契約書は基本契約書であり、請負契約の必須要素である目的物と代金の決定は個別契約書に委ねているので、これらを定めた個別契約書と一体になって初めて具体的な契約が成立する。個別契約書は、条文中にある「運送状」と「運送引受書」がこれに該当する。

(2) 類似の書面との異同

- 同じく貨物の運送の基本契約書の書式としては、書式 **50** の倉庫荷役作業契約書や書式 **52** の産業廃棄物の収集・運搬の契約がある。書式 **50** の倉庫荷役作業契約書は本書式と内容的に似通っているが、書式 **52** の産業廃棄物の運搬は規制が厳しくマニフェストを用いるので、様相を異にする。

2 標準的な記載事項

- 個別契約の締結の手順
- 請け負う運送の基本的な範囲。具体的な発注内容は個別契約書に記載される。
- 代金の金額の計算方法、支払の時期や方法。具体的な代金額は、個別契約書に記載された発注内容と、本基本契約に記載される代金の金額の計算方法に基づいて計算される。
- 契約解除の条件や方法。基本契約の解除のほか、個別契約の解除についても定められる。
- 契約期間

･･････････････････････････････ 印 紙 税 ･･････････････････････････････

◢ 結論

600万円を記載金額とする第1号の4文書（運送に関する契約書）に該当し、1万円の印紙税が課税される。

◤ 解説（印紙税重要事項の解説 3 、 5 参照）

　営業者間において運送に関する二以上の取引を継続して行うために作成される契約書で、運送の内容、単価、契約期間等を定めるものであるから、第1号の4文書と第7号文書に同時に該当するが、契約金額（毎月50万円×12か月＝600万円）の記載があることから、第1号の4文書に所属が決定される。

◤ チェックポイント

　予定金額、最低又は最高金額が記載されている場合は、それらの金額は記載金額となる。

　月単位で契約金額を定めている契約書で、契約期間の記載があるものは、その金額に契約期間の月数を乗じて算出した金額が記載金額となる。

　なお、契約期間の更新の定めがあるものについては、更新前の期間のみを算出の根基とする。

48 貨物運送変更契約書

覚　書

　運送委託者○○○○（以下「甲」という。）運送受託者○○○○（以下「乙」という。）は、甲乙間の令和○年○○月○○日付「貨物運送基本契約書」を、以下のとおり変更する。

第1条　原契約第5条の最低保証運賃額（消費税別）を、以下のとおり変更する。

　　　変更前 50万円

　　　変更後 60万円

第2条　本覚書の有効期間は令和2年9月1日から令和3年3月31日までの7か月間とし、その後については甲乙別途協議のうえ定める。

第3条　本覚書に定めのない事項は、原契約のとおりとする。

　　　令和○年○○月○○日

　　　甲　　○　○　○　○　㊞　　　　　　乙　　○　○　○　○　㊞

解　説

1　文書の意義

(1) どのような場面で使われるか

・本書式は、貨物運送基本契約（書式 47）に定められた最低保証運賃額の増額を変更する契約書である。他の契約条項を変更する際にも、本書式を応用できる。

(2) 類似の書面との異同

・書式 4 の確認書と、契約の内容を部分的に合意するという意味では同様であるが、同書式は必ずしも契約の内容の変更を伴わないものであり、本書式は契約の内容の変更を目的とするものである。

2 標準的な記載事項

- 契約書中、変更する箇所の特定
- 増額変更後の最低保証運賃額。変更契約書としては変更契約書としてはこれが記載されていれば用は足りるが、変更前も記載しておいたほうが変更の内容がわかりやすい。
- その他の変更事項があれば、変更後（及び変更前）の当該事項

印 紙 税

◤ 結論

70万円を記載金額とする第1号の4文書（運送に関する契約書）に該当し、1千円の印紙税が課税される。

◤ 解説（印紙税重要事項の解説 3 、 5 、 7 参照）

原契約書が作成されていて、この変更契約書に変更差額70万円（（60万円×7か月）－（50万円×7か月））の記載があることから、その変更差額が記載金額となる。

◤ チェックポイント

原契約書の有効期間内（更新前の期間）における契約金額の変更契約書の場合で、原契約書に契約金額の記載があり、かつ、変更契約書に変更差額の記載があるときは、増額の場合は変更差額が記載金額とされ、また、減額の場合は記載金額なしとされる印紙税額の軽減措置が講じられている。

なお、更新後の契約期間に係る契約金額の変更の場合は、この軽減措置は適用されないことに留意する必要がある。

倉庫賃貸借契約書

営業用定期建物(倉庫)賃貸借契約書

貸主○○○○(以下「甲」という。)と借主○○○○(以下「乙」という。)は、以下のとおり営業用定期建物(倉庫)賃貸借契約を締結する。

第1条 賃貸借の目的物

　　甲は、下記建物のうち、下記の物件(以下「本物件」という。)を現状有姿のまま乙に賃貸し、乙はこれを賃借する。

　　　　「建物」

　　　　　　名称　　○○○○倉庫

　　　　　　所在　　○○○○　　　　家屋番号　　○○番○

　　　　　　種類　倉庫　　構造　鉄骨造合金メッキ鋼板葺2階建

　　　　　　床面積　1階　　○○○○㎡　2階　　○○○○㎡

　　　　「本物件」

　　　　　　上記建物の1階　　○○○○㎡(○○○○坪)

　　　　　　別紙図面の赤線で囲まれた部分

第2条 使用目的

　　乙は、本物件を倉庫の用途に使用するものとし、これら以外に使用してはならない。

第3条 賃貸借期間

1　本物件の賃貸借期間は、令和2年4月1日から令和4年3月31日までの2年間とする。

2　本契約は前項の期間満了をもって終了し、更新がない。ただし、甲及び乙は、本契約の期間満了の翌日を始期とする新たな賃貸借契約(以下「再契約」という。)について、本契約の期間満了の3か月前までに協議をし、合意した場合は、再契約を締結することができる。

3　甲は、本契約の賃貸借期間が1年以上である場合には、賃貸借期間満了日の1年前から6か月前までの間(以下「通知期間」という。)に、期間の満了により賃貸

借が終了する旨を書面によって通知するものとする。

4　甲は、前項の通知をしなければその終了を乙に対抗することができない。ただし、甲が通知期間の経過後乙に対し本契約が終了する旨を通知した場合には、その通知の日から6か月が経過した日に、本契約は終了する。

第4条　賃料等

1　本物件の賃料 (以下「賃料」という。)は、次のとおりとする。

　(1)　令和2年4月1日から令和3年3月31日まで　月額600,000円 (税抜)

　(2)　令和3年4月1日から令和4年3月31日まで　月額650,000円 (税抜)

2　乙は、本物件の水道光熱費を負担するものとする。電気料金については、乙が使用した電気量を計測して、乙の負担分を算定する。水道料金については、供給事業者より甲に対して請求される水道料金のうち、他の乙の賃借面積と乙の賃借面積とで按分計算した金額を、乙の負担分として算定する。

3　乙は、毎月末日 (銀行休業日の場合は前銀行営業日) までにその翌月分の賃料これに係る消費税及び地方消費税並びに前月の水道光熱費の合計額を、甲の指定する銀行口座へ振り込み支払うものとする。ただし、振込手数料は乙の負担とする。

第5条　保証金・礼金

1　乙は甲に対し、本契約に基づき乙が甲に対して負担する一切の債務の履行を担保するため、保証金 (以下「保証金」という。) として、本契約締結と同時に、1,500,000円を預託する。甲は、保証金をもって、本契約によって生じた乙が甲に対して負担する一切の債務の弁済に任意に充当することができ、本契約が終了に基づく乙の明渡しを完了後2か月を経過した時に、債務の弁済に充当後の保証金残額を乙に返還する。ただし、保証金の返還には利息を付さない。

2　乙は甲に対し、礼金として、本契約締結と同時に、300,000円を支払う。礼金は本契約が終了しても返還されない。

　(以下略)

令和○年○○月○○日

甲　　○　○　○　○　㊞　　　　　乙　　○　○　○　○　㊞

1　文書の意義

(1) どのような場面で使われるか

・本書式は、倉庫の賃貸借の際に用いられる、建物の賃貸借契約書である。

- 建物の賃貸借は、構造上独立していれば、借地借家法が適用される。しかし、倉庫の場合は、独立した1区画の建物全部でなく、独立性のないスペースの単位で貸すことも多いので、借地借家法が適用されないケースも多々ある。
- 建物の賃貸借契約には、借地借家法上、「普通借家契約」と「定期借家契約」がある。普通借家契約は、更新拒絶や解約に際して正当事由が必要とされるので、自動更新になりやすく契約が長期化しやすい。定期借家契約は、一定の要件を満たすことによって、契約期間終了後の更新をしないことができるものである。本書式は、定期借家契約である。

（2）類似の書面との異同

- 同じく建物の賃貸借契約としては、書式 **15** の事業用建物賃貸借契約があるが、同書式は独立した1区画の建物全部の賃貸借であって、借地借家法が適用される賃貸借契約であるの対し、本書式は独立性のないスペースの単位で貸すもので、借地借家法が適用されない賃貸借契約である。なお、書式 **15** の事業用建物賃貸借契約は、普通借家契約である。

2 標準的な記載事項

- 賃貸の対象となる目的物の特定。不動産の特定は、不動産登記の表題部の記載事項で行う。建物の場合は「所在」「家屋番号」「種類」「構造」「床面積」である。ただし、倉庫の場合は、独立した1区画の建物全部でなく、独立性のないスペースの単位で貸すことも多く、その場合は物件の特定も、その倉庫そのものを所在地や名称で特定したうえ、スペースの場所や面積を表示することによって行うことになる。
- 使用目的。「倉庫」となる。
- 賃貸期間ないし返還時期
- 賃料、また、もしあれば共益費や管理費の金額、その支払の時期や方法
- 敷金又は保証金
- 礼金や更新料など、返還されない費用の支払が定められることがある。
- 賃貸開始時における目的物の引渡しの時期や方法
- 賃貸終了時における目的物の返還の時期や方法。原状回復義務の内容
- 賃貸期間中の借主の遵守事項
- 賃貸期間中の目的物に関する費用負担
- 目的物に契約不適合（改正前民法の「瑕疵」）があった場合の責任や処理。賃貸人による目的物の修補、賃料減額、損害賠償、解除などの効果を定める。

結論

課税文書には該当しない。

解説

賃貸借契約で課税されるのは、土地の賃貸借契約書だけである。

なお、建物の賃貸借契約書は、以前は課税されていたが、1989（平成元）年4月1日以降作成されるものから課税が廃止されている。

チェックポイント

寄託契約書で課税されるのは、金銭の寄託契約書だけである。

したがって、貨物の保管契約書（寄託契約書）は、印紙税は課税されない。ただし、この場合において、「貨物の荷役作業」を併せて委託することが明記されているときは、この部分は請負契約に該当し、第2号文書（請負に関する契約書）又は第7号文書（継続的取引の基本となる契約書）に該当することになる。

50 倉庫荷役作業契約書

倉庫荷役作業契約書

倉庫業者○○○○（以下「甲」という。）と委託者○○○○（以下「乙」という。）は、甲乙間の令和○年○○月○○付営業用定期建物（倉庫）賃貸借契約書（以下「倉庫契約」という。）に付随して、以下のとおり倉庫荷役作業契約を締結する。

第1条　目的

　　乙は甲に対し、倉庫契約第1条の本物件内における乙の管理・所有する建材等の貨物（以下「貨物」という。）の荷受け及び出荷の業務（以下「本件業務」という。）を委託し、甲はこれを受託する。

第2条　委託料金

　1　乙は、甲に対し、本件業務の対価として、次の委託料金の合計額を支払う。

　　(1)　荷受け　　貨物車両1台当たり1,250円

　　(2)　出　荷　　貨物車両1台当たり1,250円

　2　前項の委託料金は、事情に応じ、甲乙協議の上、これを変更することができる。

　3　甲は、委託料金を、毎月末日に締めてこれを乙に請求し、乙はこれを翌月末日までに、甲の指定する銀行口座に振り込む方法により支払う。振込手数料は乙の負担とする。

第3条　荷役作業

　1　乙は、甲に対し、甲が荷受けし、又は出荷すべき乙の貨物の種別・品名・個数・組合せ等を指示し、甲はこれに従う。ただし、甲がこれに従うことのできない事情がある場合には、甲は速やかに乙に連絡し、甲乙で対応を協議する。

　2　前項の指示は、都度乙から甲へ書面（電子メールを含む。）により指示するものとする。

第4条　契約期間

　　本契約の有効期間は、令和2年4月1日から令和4年3月31日までの2年間とする。

第5条　乙の責任

　　（以下略）

　　令和〇年〇〇月〇〇日
　　甲　　〇　〇　〇　〇　㊞　　　　　　　乙　　〇　〇　〇　〇　㊞

解　説

1　文書の意義

（1）どのような場面で使われるか

- 本書式は、倉庫の賃貸借契約（書式 49）に付随して、当該倉庫に収める貨物の荷役（荷受け及び出荷）の作業を委託する契約書である。荷受け・出荷作業という仕事の完成に対して報酬が支払われる請負契約であるが、本契約書は個々の荷受け・出荷作業を特定せず、その条件を通則的に定める基本契約書である。具体的な個々の荷受け・出荷作業を特定する都度の書面による指示が個別契約書でなされ、一体として具体的な個々の請負契約が成立する。

（2）類似の書面との異同

- 同じく貨物の運送の基本契約書の書式としては、書式 47 の貨物運送基本契約書や書式 52 の産業廃棄物の収集・運搬の委託契約書がある。書式 47 の貨物運送基本契約書は本書式と内容的に似通っているが、書式 52 の産業廃棄物の運搬は規制が厳しくマニフェストを用いるので、様相を異にする。

2　標準的な記載事項

- 個別契約の締結の手順
- 請負運送の基本的な範囲。具体的な発注内容は個別契約書に記載される。
- 代金の金額の計算方法、支払の時期や方法。具体的な代金額は、個別契約書に記載された発注内容と、本基本契約に記載される代金の金額の計算方法に基づいて計算される。
- 契約期間

◢ 結論

第 7 号文書（継続的取引の基本となる契約書）に該当し、4 千円の印紙税が課税される。

◢ 解説（印紙税重要事項の解説 ３、５ 参照）

営業者間において請負に関する二以上の取引を継続して行うために作成される契約書で、目的物の種類、単価等を定めるものであるから、第 7 号文書に該当する。

51 自動車賃貸借契約書

自動車賃貸借契約書

貸主○○○○（以下「甲」という。）と借主○○○○（以下「乙」という。）は、以下のとおり自動車賃貸借契約を締結する。

第1条　賃貸借

甲はその所有する下記記載の自動車（以下「本件自動車」という。）を乙に使用、収益させるものとする。

　　　［自動車の表示］

　　　　登録番号：(略)

　　　　車種：(略)

第2条　期間

本契約の期間は6か月間（令和2年4月1日から令和2年9月30日まで）とする。ただし、期間満了の1か月前までに甲又は乙から書面による解約の申し出がないときは、本契約と同一条件でさらに1年間継続し、以後も同様とする。

第3条　賃料

賃料は月額金30,000円（税別）とし、乙は毎月末日までに、翌月分賃料を甲の指定する方法で支払うものとする。

第4条　引渡し

甲は、本件自動車を、令和2年4月1日に、本件自動車の所在場所で、乙に対して引き渡す。

第5条　返還

1　乙は、本件自動車を、本契約の期間満了時に、前条の引渡時の本件自動車の所在場所で、乙に対して返還する。

2　乙は、本件自動車を、前条の引渡時の原状に回復して返還することを要する。

第6条　維持管理・修理費等

本件自動車の維持管理・修理等の費用は、乙の負担とする。

第7条　損害の負担

  1　本件自動車の運行によって第三者に損害を与えた場合、乙は、乙の法的責任の有無にかかわらず、損害を被った第三者に対して誠実に対応し、解決のために要する一切の費用は乙が負担するものとする。

  2　乙は、契約期間中、本件自動車について、甲の指定する損害保険を、乙の負担で付すものとする。

第8条　保証金

  乙は、この契約から生ずる甲の損害などの補償に充てるため、金○○円の保証金を、本契約成立日に、甲に対し預託するものとする。ただし、この保証金は無利息とし、本契約が終了したときは、甲は、本件自動車の返還を受けると引換えに、乙に対し、これを返還するものとする。

  （以下略）

  令和○年○○月○○日

  甲　○　○　○　○　㊞　　　　　　乙　○　○　○　○　㊞

解　説

1　文書の意義

(1) どのような場面で使われるか

- 本書式は、自動車の賃貸借に用いる契約書である。

(2) 類似の書面との異同

- 書式 36 の機械賃貸借と、内容的にはほぼ同様である。目的物が自動車であることから、その事故等の場合の処理や損害保険の付保に関して定められることが多いのが特徴である。

- いわゆる「カーリース」は、自動車の賃貸借契約であるが、購入資金の金融という実態を賃貸借の形式で実現する「ファイナンスリース」であり、この場合は書式 94 が用いられる。本書式は金融の実態を伴わない「オペレーティングリース」に用いられるものである。

2　標準的な記載事項

- 賃貸の対象となる目的物の特定。自動車の特定は、登録番号によって行うことができる。

- 使用目的が定められることもある。
- 賃貸期間ないし返還時期
- 賃料の金額、その支払の時期や方法
- 賃貸開始時における目的物の引渡しの時期や方法
- 賃貸終了時における目的物の返還の時期や方法。原状回復義務が定められることもある。
- 賃貸期間中の借主の遵守事項
- 賃貸期間中の目的物に関する費用負担
- 賃貸期間中に目的物に関して第三者に損害を与えた場合の処理。自動車の場合は事故等の場合の処理が定められることが多いであろう。また、これに備えるための損害保険の付保に関する定めがなされることもある。
- 賃料の滞納や、原状回復義務の履行の担保のために、保証金の預託が定められることがある。

印 紙 税

◢ 結論

課税文書には該当しない。

◢ 解説

賃貸借契約で課税されるのは、土地の賃貸借契約書だけである。

なお、土地以外の賃貸借契約書は、以前は課税されていたが、1989（平成元）年4月1日以降作成されるものから課税が廃止されている。

産業廃棄物処理委託契約書
（収集・運搬）

産業廃棄物処理委託契約書

　排出事業者○○○○（以下「甲」という。）と収集運搬業者○○○○（以下「乙」という。）は、甲の事業場から排出される産業廃棄物又は特別管理産業廃棄物（以下「廃棄物」という。）の収集運搬に関して、次のとおり契約を締結する。

第1条　廃棄物の排出事業場、種類、数量、金額及びその他適正処理に必要な情報の提供

　1　甲が、乙に収集運搬を委託する廃棄物の排出事業場、種類、予定数量及び合計予定金額は、別表1のとおりとする。

　2　甲の委託する廃棄物の荷姿、性状その他適正処理に必要な情報は、別添「廃棄物データシート」のとおりとする。

第2条　収集運搬料金及び支払

　1　甲の委託する廃棄物の収集運搬業務に関する契約金額（以下「契約単価」という。）は、別表1のとおりとする。

　2　甲は、産業廃棄物管理票（以下「マニフェスト」という。）の写しの受領等により、乙が廃棄物を確実に運搬したことを確認したときに、乙に収集運搬料金を支払う。

第3条　委託内容

　　乙は、甲から委託された第1条の廃棄物を、甲の指定する別表1に記載する処分業者（以下「丙」という。）の事業場に搬入する。

第4条　マニフェスト

　1　甲は、廃棄物の搬出の都度、マニフェストに必要事項を記載し、A（排出事業者保管）票を除いて乙に交付する。

　2　乙は、廃棄物の収集を行うときは、甲の交付担当者の立会いのもと廃棄物の種類及び数量の確認を行うとともにマニフェストと照合する。

　3　乙は、廃棄物を丙の事業場に搬入する都度、マニフェストに必要事項を記載し、B1（収集運搬業者保管）票とB2（運搬終了）票を除いて、丙に回付する。

　4　乙は、B2（運搬終了）票を運搬終了日から10日以内に甲に送付するとともにB

１（収集運搬業者保管）票及び丙から送付されるＣ２（処分終了）票を５年間保存する。

5　甲は、乙から送付されたＢ２（運搬終了）票を、Ａ（排出事業者保管）票及び丙から送付されたＤ（処分終了）票及びＥ（最終処分終了）票とともに５年間保存する。

第５条　契約期間

この契約の有効期間は、令和２年４月１日から令和３年３月31日までとする。

第６条　義務と責任

1　甲は、乙から要求があった場合は、収集運搬を委託する廃棄物の適正処理に必要な情報を速やかに乙に通知しなければならない。

2　乙は、甲から委託された廃棄物を、その積込み作業の開始から、丙の事業場における荷下ろし作業の完了まで、法令等に基づき適正に運搬しなければならない。

3　乙は、甲から委託された業務が終了したときは、直ちに業務終了報告書を作成し、甲に提出しなければならない。ただし、業務終了報告書は、マニフェストＢ２（運搬終了）票をもって代えることができる。

（以下略）

令和○年○○月○○日

甲　○　○　○　○　㊞　　　　　　乙　○　○　○　○　㊞

別表1

	排出事業場番号	排出事業場名称	排出事業場所在地及び連絡先
1	○○○○	○○○○	○○○○
2	○○○○	○○○○	○○○○
3			

排出事業場番号	廃棄物の種類（データシート番号）	契約単価（円）	予定数量（週）	運搬先の事業場		
				氏名・名称及び許可番号	所在地	処分方法
1	○○（　　）	○/kg	○/kg	○○○○	○○	○○

2	○○ ( )	○/kg	○/kg	○○○○	○○	○○
	( )	/kg	/kg			

契約期間中の合計予定金額 （税別）		200,000円	契約期間は第5条記載のとおり
備考			

解　説

1　文書の意義

（1）どのような場面で使われるか

- 本書式は、産業廃棄物の収集・運搬を委託する契約書である。産業廃棄物の収集・運搬作業という仕事の完成に対して報酬が支払われる請負契約であるが、本契約書は個々の産業廃棄物やその処理を特定せずその条件を通則的に定める基本契約書であり、具体的な個々の産業廃棄物やその処理を特定する都度のマニフェスト（産業廃棄物の処理を委託する際に委託者が発行する伝票）が個別契約書となって、一体として具体的な個々の請負契約が成立する。

（2）類似の書面との異同

- 本書式は、産業廃棄物の「収集・運搬」を行う契約書であり、産業廃棄物の「収集・処分」を行う場合は書式 53 を用いる。
- 同じく貨物の運送の基本契約書の書式としては、書式 47 の貨物運送契約書や書式 50 の倉庫荷役作業契約書があるが、本書式の産業廃棄物の運搬は規制が厳しくマニフェストを用いるので、様相を異にする。

2　標準的な記載事項

- 請負契約は、請負・売買の対象となる目的物の特定と、代金の金額が必須の要素であるが、本書式は、これらの事項の決定を個別契約に委ねて、その他の条件を決定するものである。したがって、これらの事項が定められた個別契約と一体となって初めて契約としての効力を有することになる。

- 個別契約の締結の手順。産業廃棄物の処理の場合は、マニフェストが個別契約書に該当する。
- 処理業務の方法
- 代金の支払の時期や方法
- 契約期間

印　紙　税

▰ 結論

　20万円を記載金額とする第1号の4号文書（運送に関する契約書）に該当し、200円の印紙税が課される。

▰ 解説（印紙税重要事項の解説 3 、5 参照）

　産業廃棄物を排出場所から収集し、処分場へ運搬する契約は、請負契約に属するが、印紙税法上は、運送契約に該当する。

　なお、「収集」は、運送契約に付随するものであり、運送契約の一部と評価される。

　契約期間が3か月を超える場合は、第1号の4文書と第7号文書（継続的取引の基本となる契約書）に同時該当するが、契約金額の記載がある（予定金額も契約金額に該当する）ことから、通則3のイの規定により、第1号の4文書に所属が決定される。

▰ チェックポイント

　単価のみの約定であり、予定数量（合計予定金額）の記載のない場合は、第7号文書に該当する。

産業廃棄物処理委託契約書

排出事業者○○○○（以下「甲」という。）と収集運搬及び処分業者○○○○（以下「乙」という。）は、甲の事業場から排出される産業廃棄物又は特別管理産業廃棄物（以下「廃棄物」という。）の収集運搬及び処分に関して、次のとおり契約を締結する。

第1条　廃棄物の排出事業場、種類、数量、金額及びその他適正処理に必要な情報の提供

　1　甲が、乙に収集運搬及び処分業務を委託する廃棄物の排出事業場、種類、予定数量及び合計予定金額は、別表1のとおりとする。

　2　甲の委託する廃棄物の荷姿、性状その他適正処理に必要な情報は、別添「廃棄物データシート」のとおりとする。

第2条　収集運搬・処分料金及び支払

　1　甲の委託する廃棄物の収集運搬業務及び処分業務に関する契約金額（以下「契約単価」という。）は、別表1のとおりとする。

　2　甲は、産業廃棄物管理票（以下「マニフェスト」という。）の写しの受領等により、乙が廃棄物を確実に運搬・処分したことを確認したときに、乙に料金を支払う。

第3条　保管

　　乙は、甲から委託された廃棄物の保管を行う場合は、法令等に定める保管基準を遵守し、かつ、契約期間内に確実に処分できる範囲で行う。

第4条　マニフェスト

　1　甲は、廃棄物の搬出の都度、マニフェストに必要事項を記載し、A（排出事業者保管）票を除いて乙に交付する。

　2　乙は、廃棄物の収集を行うときは、甲の交付担当者の立会いのもと廃棄物の種類及び数量の確認を行うとともにマニフェストと照合する。

　3　乙は、廃棄物を乙の事業場に搬入の都度、B1（収集運搬業者保管）票、B2（運搬終了）票に必要事項を記載し、B2（運搬終了）票を運搬終了日から10日以内に甲に送付するとともにB1（収集運搬業者保管）票を保管する。また処分が完了した

ときは、乙はＣ１（処分業者保管）票及びＤ（処分終了）票に必要事項を記載した後、Ｄ（処分終了）票を処分終了日から10日以内に甲に送付するとともに、Ｃ１（処分業者保管）票を５年間保存する。

4　乙は、本契約に係る廃棄物の最終処分が終了した旨が記載されたマニフェストの写しの送付を受けたときは、甲から交付されたマニフェストのＥ（最終処分終了）票に最終処分の場所の所在地及び最終処分を終了した年月日を記入するとともに、そのマニフェストに係るすべての中間処理産業廃棄物について最終処分が適正に終了したことを確認した後、10日以内にＥ（最終処分終了）票を甲に送付する。

5　甲は、乙から送付されたＢ２（運搬終了）票、Ｄ（処分終了）票及びＥ（最終処分終了）票を、Ａ（排出事業者保管）票とともに５年間保存する。

第５条　最終処分に係る情報

1　当該廃棄物に係る最終処分の場所の所在地（住所、地名、施設の名称など）、最終処分の方法及び施設の処理能力は、別表１の最終処分に関する情報欄のとおりとする。

2　甲は、乙と最終処分業者等との間で交わしている処理委託契約書、マニフェスト（又は受領書等）及び許可証の写し等により、本条第１項に係る事項の確認を行うこととする。

第６条　契約期間

この契約の有効期間は、令和２年４月１日から令和３年３月31日までとする。

第７条　甲の義務と責任

1　甲は、乙から要求があった場合は、第３条各項によるもののみならず、収集運搬・処分を委託する廃棄物の種類、数量、性状（形状、成分、有害物質の有無及び臭気）、荷姿、取り扱う際に注意すべき事項等の必要な情報を速やかに乙に通知しなければならない。

2　甲は、委託する廃棄物の処分に支障を生じさせるおそれのある物質が混入しないようにしなければならない。

第８条　乙の義務と責任

1　乙は、甲から委託された廃棄物を、その積込み作業の開始から乙の事業場における処分の完了まで、法令等に基づき適正に処理しなければならない。この間に発生した事故については、甲の責に帰すべき場合を除き、乙が責任を負う。

2　乙は甲から委託された業務が終了した後、直ちに業務終了報告書を作成し、甲に提出しなければならない。ただし、業務終了報告書は、マニフェストのＤ（処

分終了）票をもって代えることができる。

（以下略）

令和〇年〇〇月〇〇日

甲　〇　〇　〇　〇　㊞　　　　　　乙　〇　〇　〇　〇　㊞

別表1

排出事業場番号	排出事業場名称	排出事業場所在地及び連絡先	排出する廃棄物の種類
1	〇〇〇〇	〇〇〇〇	〇〇
2	〇〇〇〇	〇〇〇〇	〇〇

排出事業場番号	廃棄物の種類（廃棄物データシート番号）	契約単価（円） 収集運搬	処分	予定数量（週）	乙の施設 処分方法	処理能力埋立容量	施設の所在地	最終処分右欄番号	最終処分に関する情報
1	〇〇（ ）	〇kg	〇kg	〇kg	〇	〇〇	〇〇	①	①安定型埋立 （許可品目　　） 所在地 方法 処理能力
1	〇〇（ ）	〇kg	〇kg	〇kg	〇	〇〇	〇〇	①	
1	〇〇（ ）	〇kg	〇kg	〇kg	〇	〇〇	〇〇	①	
2	〇〇（ ）	〇kg	〇kg	〇kg	〇	〇〇	〇〇	①	②管理型埋立 （許可品目　　） 所在地 処理能力
2	〇〇（ ）	〇kg	〇kg	〇kg	〇	〇〇	〇〇	①	
	（ ）	kg	kg	kg					
	（ ）	kg	kg	kg					③ （許可品目　　） 所在地 方法 処理能力
	（ ）	kg	kg	kg					
	（ ）	kg	kg	kg					

収集運搬・処分別の予定金額	収集・運搬 150,000円	処分 200,000円	
契約期間中の合計予定金額（税別）	350,000円	契約期間は第6条記載のとおり	
備考			

1 文書の意義

（1）どのような場面で使われるか

- 本書式は、産業廃棄物の収集・処分を委託する契約書である。産業廃棄物の収集・処分作業という仕事の完成に対して報酬が支払われる請負契約であるが、本契約書は個々の産業廃棄物やその処理を特定せず、その条件を通則的に定める基本契約書であり、具体的な個々の産業廃棄物やその処理を特定する都度のマニフェスト（産業廃棄物の処理を委託する際に委託者が発行する伝票）が個別契約書となって、一体として具体的な個々の請負契約が成立する。

（2）類似の書面との異同

- 本書式は、産業廃棄物の「収集・処分」を行う契約書であり、産業廃棄物の「収集・運搬」を行う場合は書式 **52** を用いる。

2 標準的な記載事項

- 請負契約は、請負・売買の対象となる目的物の特定と、代金の金額が必須の要素であるが、本書式は、これらの事項の決定を個別契約に委ねて、その他の条件を決定するものである。したがって、これらの事項が定められた個別契約と一体となって初めて契約としての効力を有することになる。
- 個別契約の締結の手順。産業廃棄物の処理の場合は、マニフェストが個別契約書に該当する。
- 処理業務の方法
- 代金の支払の時期や方法
- 契約期間

印 紙 税

結論

20万円を記載金額とする第2号文書（請負に関する契約書）に該当し、200円の印紙税が課税される。

産業廃棄物を排出場所から収集し、処分場へ運搬する契約は、請負契約に属するが、印紙税法上は、運送契約に該当する。

また、産業廃棄物の「処分」は、請負契約に該当する。

さらに、収集・運搬から処分までの一連の作業を請け負う場合は、原則として第2号文書に該当する。

次に、収集・運搬金額と処分契約金額とが明確に区分して記載されている場合は、第1号の4文書と第2号文書に同時該当し、通則3のロの規定に基づき所属が決定される。

事例の文書は、第2号文書に係る契約金額（20万円）が第1号文書に係る契約金額（15万円）を超えているから、第2号文書に所属が決定される。

なお、契約期間が3か月を超える場合は、第1号の4文書又は第2号文書と第7号文書（継続的取引の基本となる契約書）に同時該当するが、契約金額の記載がある（予定金額も契約金額に該当する）ことから、通則3のイの規定により、第1号の4文書又は第2号文書に所属が決定される。

◤ チェックポイント

単価のみの約定であり、予定数量（予定金額）の記載のない場合は、第7号文書に該当する。

また、収集運搬金額と処分契約金額が明確に区分して記載されていない場合は、収集運搬から処分までの一連の作業を請け負う契約と認められるので、第2号文書に該当し、合計金額が記載金額となる。

第7章

作業委託に関する文書

54 保守業務委託契約書

エレベーター保守・点検業務委託契約書

委託者○○○○（以下「甲」という。）と受託者○○○○（以下「乙」という。）は、以下のとおりエレベーター保守・点検業務委託契約を締結する。

第1条　委託

1　甲は、○○○○ビルにおける別表記載のエレベーター（以下「本エレベーター」という。）に関し、本契約書及び別紙仕様書で定めた保守・点検業務（以下「本件業務」という。）を乙に委託し、乙はこれを受託する。

2　保守とは、エレベーターの清掃、注油、調整、消耗品の補充・交換等を行うことをいう。

3　点検とは、エレベーターの損傷、変形、摩耗、腐食、発生音等に関する異常・不具合 の有無を調査（遠隔監視又は遠隔点検を含む。）し、保守及びその他の措置が必要かどうかの判断を行うことをいう。

4　甲は、前各項の業務のほか、本エレベーターの法定検査等を乙に委託することができる。

第2条　乙の責務

本契約に基づく乙の責務は、次のとおりとする。

⑴　エレベーターの保守・点検をする者として一般に要求される程度の注意（善管注意）をもって本件業務を行うこと。

⑵　本件業務の結果を文書等により甲に対して報告すること。

⑶　安全な運行に支障が生じるおそれがあると認められる場合は、速やかに甲にその旨を伝えるとともに、必要に応じ甲を通じて当該エレベーターの製造業者にその旨を伝えること。

第3条　甲の責務

本契約に基づく甲の責務は、次のとおりとする。

⑴　乙が使用上の注意事項を提示したときは、その事項を遵守し、本エレベーターを安全に運行させるよう努めること。

⑵　乙に本エレベーターの本件業務を行わせるに当たって、乙が必要とする作業

時間及びエレベーターの停止期間の確保に協力するとともに、乙が安全に本件業務に従事することができるよう配慮すること。

第3条　作業時間帯

　　乙が現場にて行う本件業務の作業時間帯は、本エレベーターの故障・事故等が発生した場合を除き、乙の通常営業日(月・火・水・木・金)の通常営業時間10:00～17:00内に行うものとする。

第4条　委託業務費等の負担及び支払方法

　1　甲は、乙に対して、本件業務の対価として、次のとおり委託業務費を支払う。

　　(1)　委託業務費の額　月額30,000円に消費税額及び地方消費税の額を加えた額

　　(2)　支払期日及び支払方法　当月分を翌月の15日までに、乙が指定する口座に振り込む方法により支払う。振込費用は甲の負担とする。

　2　甲が乙に依頼することができ、乙が法定検査等を受諾するときの費用及び支払方法は、甲と乙が協議のうえ、別途定めるものとする。

　3　甲は、第1項の委託業務費のほか、乙が本件業務を実施するのに伴い必要となる水道光熱費及び通信費(乙の負担と定めているものを除く。)を負担する。

第5条　契約期間

　　本契約の有効期間は、令和2年4月1日から令和3年3月31日までの1年間とする。ただし、甲乙双方から契約終了の意思表示がない限り、同一条件で自動更新されるものとし、更新後の期間の終了時も同様とする。

　(以下略)

令和○年○○月○○日
甲　　○　○　○　○　　㊞　　乙　　○　○　○　○　　㊞

解　説

1　文書の意義

(1) どのような場面で使われるか

• 本書式は、エレベーターの保守・点検業務を委託する契約書である。本書式のエレベーターの保守・点検業務は、必ずしも一定の仕事の完成に対して個別にではなく、継続的な事務処理に対して継続的に料金が支払われるものなので、法律的

には準委任契約と分類するのが通常である。しかし、業務の態様によっては請負契約に分類されるものも考えられるし、国税当局は保守業務は請負と分類するようである。

（2）類似の書面との異同

- 本書式と同様に成果物をともなわない役務提供を目的とする契約として、書式 56 の清掃業務委託契約がある。本書式のエレベーター保守・点検契約では、保守・点検についてここまで行ったら完了という仕事の完成が観念しがたいため準委任契約と分類しているのに対し、書式 56 の清掃業務委託契約では、日々の清掃業務の完了が観念し得るためであるため請負契約と分類している。しかし、この区別は微妙であり、契約書における定め方によっては請負契約と準委任契約の分類は変わり得ることに注意しておくべきである。

2 標準的な記載事項

- 委託を受ける業務（点検・保守）の内容
- 委託業務の代金の金額、その支払の時期や方法
- 委託業務の提供期間

········· 印 紙 税 ·········

◤ 結論

36万円を記載金額とする第2号文書（請負に関する契約書）に該当し、印紙税額は200円となる。

◤ 解説（印紙税重要事項の解説 3 、 5 参照）

月額単価（3万円）と有効期間（1年間）の定めがあり、契約金額の計算ができることから、その算出した金額36万円（3万円×12か月）を契約金額とする第2号文書（請負に関する契約書）に該当する。

そして、第2号文書と第7号文書に同時該当するのであるが、記載金額があることから第2号文書に所属が決定される。

なお、国税当局は、保守業務は請負に該当すると判断しているようである。

55 保守業務委託変更契約書

覚 書

　委託者○○○○(以下「甲」という。)と受託者○○○○(以下「乙」という。)は、甲乙間の令和○年○○月○○日付エレベーター保守・点検業務委託契約書を、以下のとおり変更する。

第1条　原契約第1条2項の保守の内容を以下のとおり変更する。

　　　変更前　(略)

　　　変更後　(略)

第2条　原契約第4条1項の委託業務費の額を以下のとおり変更する。

　　　変更前　月額30,000円(税別)

　　　変更後　月額32,000円(税別)

第3条　適用期間

　　　本変更は令和2年9月1日から適用する。令和3年3月31日の原契約の終了時に原契約が更新される場合、本覚書による変更後の条件が更新後の契約に適用される。

第4条　本覚書に定めのない事項は、原契約のとおりとする。

　　　令和○年○○月○○日

　　　甲　○　○　○　○　㊞　乙　○　○　○　○　㊞

解 説

1 文書の意義

(1) どのような場面で使われるか

・本書式は、書式 **54** のエレベーターの保守・点検業務の委託契約書の内容の変更と、委託業務費の増額変更を合意する変更契約書である。他の契約条項を変更する際にも本書式を応用できる。

（2）類似の書面との異同

- 書式 **4** の確認書と、契約の内容を部分的に合意するという意味では同様であるが、同書式は必ずしも契約の内容の変更を伴わないものであり、本書式は契約の内容の変更を目的とするものである。

2 標準的な記載事項

- 契約書中、変更する箇所の特定
- 変更後の委託業務、及び増額変更後の委託業務費。変更契約書としてはこれらが記載されていれば用は足りるが、変更前も記載しておいたほうが変更の内容がわかりやすい。
- その他の変更事項があれば、変更後（及び変更前）の当該事項

---------------------------------- 印 紙 税 ----------------------------------

◢ 結論

1万4千円を記載金額とする第2号文書（請負に関する契約書）に該当し、印紙税額は200円となる。

◢ 解説（印紙税重要事項の解説 **3**、**4**、**5**、**7** 参照）

変更前の契約金額の記載のある文書が作成されており、かつ、この変更契約書に変更差額1万4千円（（3万2千円−3万円）×7か月）の記載があることから、その変更差額が記載金額となる。

なお、国税当局は、保守業務は請負に該当すると判断しているようなので、これに従って判断している。

◢ チェックポイント

更新後の契約期間に係る契約金額の変更の場合は、変更差額ではなく変更金額全額が記載金額となることに留意する必要がある。

56 清掃業務委託契約書

清掃業務委託契約書

　委託者○○○○（以下「甲」という。）と受託者○○○○（以下「乙」という。）は、以下のとおり清掃業務委託契約を締結する。

第1条　清掃業務の委託

　1　甲は乙に対し、末尾物件目録記載のビルの館内清掃業務を委託し、乙はこれを受託した。

　2　清掃の区域及び作業の詳細は、本契約書末尾添付の図面及び仕様書による。

　(1) 普通区域（事務室等）　　○○平方メートル

　(2) 特別区域（重役室等）　　○○平方メートル

　(3) 共同区域　　　　　　　○○平方メートル

第2条　清掃費

　1　甲は、乙に対して、以下の清掃費（税込）を支払う。

　(1) 普通区域：平方メートル当たり月額○○円、計44,000円（うち消費税4,000円）

　(2) 特別区域：平方メートル当たり月額○○円、計4,400円（うち消費税400円）

　(3) 共同区域：平方メートル当たり月額○○円、計2,200円（うち消費税200円）

　2　契約開始、終了あるいは中断に際し作業に日数が1か月に満たないときは日割り計算とする。

　3　清掃費は、毎月、乙の指定する金融機関口座に振り込んで支払う。

第3条　費用負担

　清掃に要する機械、器具、消耗品などは、すべて乙の負担とする。ただし、用水及び電力は甲の負担とする。

第4条　有効期間

　本契約の有効期間は、契約の時から1年間とする。ただし、本契約の期間満了の1か月前までに、甲乙いずれかから終了する旨の通知がない場合は、同一の条件で1年延長され、以降も同様とする。

　（以下略）

　令和○年○○月○○日

　甲　　○　○　○　○　　㊞　　乙　　○　○　○　○　　㊞

1 文書の意義

(1) どのような場面で使われるか

- 本書式は、ビルの館内清掃業務を委託する契約書である。本書式のビルの館内清掃業務は、仕様書に定められた日々の清掃作業という一定の仕事の完成に対して料金が支払われるものなので、請負契約となる。

(2) 類似の書面との異同

- 本書式と同様に、成果物をともなわない役務提供を目的とする契約として、書式 **54** のエレベーター保守・点検契約がある。書式 **54** のエレベーター保守・点検契約では、保守・点検についてここまで行ったら完了であるという仕事の完成が観念しがたいため準委任契約と分類しているのに対し、本書式清掃業務委託契約では、日々の清掃業務の完了が観念し得るため請負契約と分類している。しかし、この区別は微妙であり、契約書における定め方によっては請負契約と準委任契約の分類は変わり得ることに注意しておくべきである。

2 標準的な記載事項

- 請け負う仕事の内容、すなわち清掃するビルの特定、清掃する区域及び清掃作業の内容。業務の詳細は、清掃する区域によって清掃作業の内容が異なり契約書の中にすべてを書き込むのは困難なので、別紙の図面及び仕様書などで定めることが多い。
- 請負代金の金額、その支払の時期や方法
- 成果物に契約不適合（改正前民法の「瑕疵」）があった場合の責任や処理。追完、代金減額、損害賠償、解除などの効果を定める。

·········· 印 紙 税 ··········

◤ 結論

55万2千円を記載金額とする第2号文書（請負に関する契約書）に該当し、200円の印紙税が課税される。

　営業者間において請負に関する二以上の取引を継続して行うため作成される契約書で、目的物の種類、月額の単価等を定めるものであるから、第7号文書にも該当する。

　この場合、契約金額の記載があることから（（税抜き金額4万円＋4千円＋2千円＝4万6千円）×12か月＝55万2千円）、通則3のイの規定により第2号文書に所属が決定される。

介護サービス契約書（通所介護）

通所介護契約書

　利用者○○○○（以下「甲」という。）と事業者○○○○（以下「乙」という。）は、乙が甲に対して提供する通所介護について、以下のとおり契約を締結する。

第1条　目的

　　乙は、本契約表紙記載の事業所において、介護保険法関係法令と本契約の各条項に従い、甲が可能な限りその居宅において、その有する能力に応じ自立した生活を営むことができるよう適正なサービスを提供し、甲は乙に対し、サービスに対する料金を支払う。

第2条　契約期間

　1　本契約の契約期間は、令和○年○○月○○日から甲の要介護認定の有効期間満了日までとする。

　2　前項の契約満了日の3営業日前までに、甲から乙に対して書面により契約終了の申し出がない場合で、かつ、甲の要介護認定が更新された場合には、更新された甲の要介護認定の満了日まで契約期間は自動で更新されるものとする。

第3条　通所介護計画

　　乙は、甲の日常生活全般の状況及び希望を踏まえて、「居宅サービス計画」に沿って「通所介護計画」を作成し、その内容を甲に説明する。

第4条　通所介護の提供場所及び内容

　1　本サービスの提供場所は、○○○○サービスセンターとする。

　2　乙は、第3条で定めた通所介護計画に沿ってサービスを提供する。

第5条　料金

　1　甲は、サービスの対価として、契約書別紙記載の額を事業者に支払う。

　2　乙は、当月の料金の合計額を請求書に明細を付して、翌月20日前後に甲に送付し、甲は、当月の料金の合計額を翌月28日(ただし、金融機関が休日の場合は翌営業日)に甲の金融機関口座から口座自動振替により支払う。

　3　甲は、介護保険法関係法令にもとづく介護給付費(甲負担を控除した残額)の給付について、乙が甲に代理して市区町村から給付を受けることに同意する。

（以下略）

令和〇年〇〇月〇〇日
甲　　〇　〇　〇　〇　㊞　　乙　　〇　〇　〇　〇　㊞

契約書別紙

	一日当たりの利用料金	介護保険適用時の一日当たりの自己負担額		
	7〜8時間未満	1割	2割	3割
要介護度1	6,624円	663円	1,325円	1,988円
要介護度2	7,815円	782円	1,563円	2,345円
要介護度3	9,068円	907円	1,814円	2,721円
要介護度4	10,300円	1,030円	2,060円	3,090円
要介護度5	11,543円	1,155円	2,309円	3,463円

解　説

1 文書の意義

（1）どのような場面で使われるか

- 本書式は、通所介護の介護サービスを委託する契約書である。通所介護の介護サービス業務は、必ずしも一定の仕事の完成に対して個別にではなく、継続的な事務処理に対して継続的に料金が支払われるものなので、準委任契約となる。

（2）類似の書面との異同

- 書式 **61** のコンサルティング契約や、書式 **56** の清掃業務委託契約と同様に、法律的には同質の役務提供の準委任契約であるが、介護保険の適用される介護サービスの一環として行われるものとしての特殊性がある。

2 標準的な記載事項

- 委託を受ける業務の内容。詳細は「通所介護計画」に従って定められる。
- 委託業務の代金の金額、その支払の時期や方法。介護保険が利用できる介護サービスなので、介護保険との関係も記載されることが多い。
- 委託業務の提供期間

結論

課税文書には該当しない。

解説

介護サービス契約は、一般に準委任契約に該当すると認められるので、課税文書には該当しない。

58 福祉用具賃貸借契約書

福祉用具賃貸借契約書

　利用者○○○○（以下「甲」という。）と事業者○○○○（以下「乙」という。）は、以下のとおり福祉用具賃貸借契約を締結する。

第1条　契約の目的

　　乙は、甲に対し、介護保険法令の趣旨にしたがって、介護サービスを提供し、甲は、乙に対し、そのサービスに対する料金を支払う。

第2条　サービスの種類及び内容

　　事業者は、契約書別紙において甲が選択した福祉用具を賃貸する。

第3条　契約期間

　　契約期間は、令和2年4月1日から、甲の要介護認定又は要介護認定の有効期間終了日までとする。

第4条　料金

　1　甲は、サービスの対価として、契約書別紙に定める料金をもとに計算された月ごとの合計額を支払う。

　2　事業者は、当月料金の合計額の請求書に明細を付して、翌月10日までに甲に送付する。

　3　甲は、当月の料金の合計額を翌月末日までに振込みの方法で支払う。

　4　事奉者は、甲から料金の支払を受けたときは、甲に対し領収書を発行する。

　（以下略）

　令和○年○○月○○日

　甲　　○　○　○　○　㊞　　乙　　○　○　○　○　㊞

契約書別紙

福祉用具貸与サービス

　＊サービス内容

　　乙は、要介護などの日常生活の自立を助けるために必要な厚生大臣が定めた

福祉用具を以下のとおり貸与いたします。

種目	品目	個数	単価	料金	貸与期間	備考
特殊寝台	○○シリーズ3モーター	1	11,000円	11,000円	1年	
特殊寝台付属品	マットレス	1	2,000円	2,000円	1年	
	サイドレール	1	500円	500円	1年	

＊利用料金

① 利用料金(税抜)は、貸与利用料金表に表示されたとおりです。

② 介護保険適用の場合でも、保険料の滞納等により、保険給付金が直接事業者に支払われない場合があります。その場合は一旦所定の料金を頂き、サービス提供証明書を発行いたします。サービス提供証明書を後日に市の窓口に提出しますと、差額の払戻しを受けることができます。

解 説

1 文書の意義

(1) どのような場面で使われるか

- 本書式は、福祉用具の賃貸借をする際に用いる契約書である。

(2) 類似の書面との異同

- 動産の賃貸借契約として、書式 36 の機械賃貸借契約と法律的には同趣旨であるが、介護保険の適用される介護サービスの一環として行われるものとしての特殊性がある。

2 標準的な記載事項

- 賃貸の対象となる目的物の特定。福祉用具はほとんどの場合特定物でなく代替物なので、種類や数量の条件で特定される。
- 使用目的が定められることもある。
- 賃貸期間ないし返還時期
- 賃料の金額、その支払の時期や方法。介護保険が利用できる介護サービスなので、介護保険との関係も記載されることが多い。
- 賃貸開始時における目的物の引渡しの時期や方法
- 賃貸終了時における目的物の返還の時期や方法。原状回復義務が定められることもある。

- 賃貸期間中の借主の遵守事項
- 賃貸期間中の目的物に関する費用負担
- 賃料の滞納や、原状回復義務の履行の担保のために、保証金の預託が定められることがある。

.... 印 紙 税 ....

◢ 結論

課税文書には該当しない。

◢ 解説

課税される賃貸借契約書は、土地の賃貸借契約書だけである。

59 婚礼サービス仮予約受付書

ご婚礼仮予約受付書

令和○年○○月○○日

挙式日時	令和○年○○月○○日　午後○○時○○分
挙式場	○○○○
披露宴	午後○○時○○分～午後○○時○○分
披露宴会場	○○○○
お名前	新郎　○○○○　様　　新婦　○○○○　様
新郎家ご連絡先	○○○○　　　　　　　電話　○○（○○○○）○○○○
新婦家ご連絡先	○○○○　　　　　　　電話　○○（○○○○）○○○○
仮予約期限	令和○年○○月○○日まで

おそれいりますが、仮予約期限内に結果を下記までご報告いただきますよう、お願い申しあげます。

宴会事務所：電話　○○（○○○○）○○○○

結果	□決定	□取消

解説

1 文書の意義

（1）どのような場面で使われるか

- 本書式は、婚礼サービスの仮予約を受けた際に使用される書面である。婚礼サービスの委託の契約は、最終的には一定の会場・日時における特定の婚礼サービス提供という仕事の完成を目的とする請負契約となるが、本書式では婚礼サービスの内容は決定しておらず会場の日程を仮に確保しているにすぎず、未だ契約書とは言いがたい面もあるものである。

（2）類似の書面との異同

- 婚礼サービスは、最終的には一定の会場・日時における特定の婚礼サービス提供

という仕事の完成を目的とする請負契約となる。しかし、その内容は、会場・日時、参加者数や料理・演出、オプションサービスなど、打ち合わせを重ねながら徐々に内容が固まっていくものであり、最終的にはサービス提供直前にならないと婚礼サービスの全貌は明らかにならない。会場の日程を仮に確保しているにすぎない本書式の仮受付書では法的効力は認めがたいが、申込金を納め料金（請負代金）の請求先を指定する書式 **60** の申込書あたりでは、微妙になってくる。

2 標準的な記載事項

- この段階では、会場と日時といった程度であろう。

印 紙 税

◤ 結論

記載金額のない第2号文書（請負に関する契約書）に該当し、200円の印紙税が課税される。

◤ 解説（印紙税重要事項の解説 **2** 参照）

課税される契約書には、契約の予約も含まれる。

60 婚礼サービス申込書

ご婚礼申込書

挙式日時		令和〇年〇〇月〇〇日　午後〇〇時〇〇分
挙式場		〇〇〇〇
披露宴		午後〇〇時〇〇分～午後〇〇時〇〇分
披露宴会場		〇〇〇〇
新郎	氏名・生年月日	〇〇〇〇　　令和〇〇年〇〇月〇〇日
	ご住所・電話番号	〇〇〇〇 電話　〇〇（〇〇〇〇）〇〇〇〇
	親の氏名	〇〇〇〇
	新郎側参列者数	〇名
新婦	氏名・生年月日	〇〇〇〇　　令和〇〇年〇〇月〇〇日
	ご住所・電話番号	〇〇〇〇 電話　〇〇（〇〇〇〇）〇〇〇〇
	親の氏名	〇〇〇〇
	新婦側参列者数	〇名
ご媒酌人	氏名	〇〇〇〇
	ご住所・電話番号	〇〇〇〇 電話　〇〇（〇〇〇〇）〇〇〇〇
お申込者・電話番号		〇〇〇〇　電話　〇〇（〇〇〇〇）〇〇〇〇
お申込み預かり金		〇〇〇〇円 （お申込み後10日以内にお持ちください）
ご請求先		〇〇〇〇

解　説

1 文書の意義

（1）どのような場面で使われるか

- 本書式は、婚礼サービスの受付の際に使用される申込書である。婚礼サービスの委託の契約は、最終的には一定の会場・日時における特定の婚礼サービス提供という仕事の完成を目的とする請負契約となる。本書式では、婚礼サービスの詳細な

内容まで確定していないので、請負契約として完成したものとは言いがたいが、一定の会場・日程で婚礼サービスの提供をすること自体は確定しているので、契約の成立の途中段階の書面といえる。

（2）類似の書面との異同

- 婚礼サービスは、最終的には一定の会場・日時における特定の婚礼サービス提供という仕事の完成を目的とする請負契約となる。しかし、その内容は、会場・日時、参加者数や料理・演出、オプションサービスなど、打ち合わせを重ねながら徐々に内容が固まっていくものであり、最終的にはサービス提供直前にならないと婚礼サービスの全貌は明らかにならない。会場の日程を仮に確保しているにすぎない書式 59 の仮受付書では法的効力は認めがたいが、申込金を納め料金（請負代金）の請求先を指定する本書式の申込書あたりでは、微妙になってくる。

2 標準的な記載事項

- 日時・会場・連絡先
- 申込預かり金
- 料金（請負代金）の請求先

.... 印　紙　税 ....

◤ 結論

課税文書には該当しない。

◤ 解説（印紙税重要事項の解説 2 参照）

記載文言からみて、単なる申込文書と判断される。

第8章

調査委託・コンサルティング に関する文書

コンサルティング契約書
（完全月額報酬）

コンサルティング契約書

委託者（以下「甲」という。）と受託者○○○○（以下「乙」という。）は、以下のとおりコンサルティング契約を締結する。

第1条　コンサルテーション

　　乙は、甲の海外進出の支援のため、海外の経済情報等の調査分析を通じて、甲の経営・企画に関してコンサルテーションをする。

第2条　有効期間

　　本契約の有効期間は、契約の時から1年間とする。

第3条　コンサルテーションの内容

　1　乙は、甲に対して、以下の提言等を行う。

　⑴　令和2年9月30日まで　海外の経済及びマーケット情報等の調査分析

　⑵　令和2年12月31日まで　甲の経営・企画に関する提言

　2　前項の提言等に関して、乙が資料や報告書の提出を求めた場合には、甲はこれに応じて資料や報告書等を乙に対して提出する。

第4条　コンサルテーション報酬

　　甲は、乙に対して、コンサルテーションの報酬として、月額100,000円（消費税別）を、毎月の末日までに、甲の指定する銀行口座に振り込んで支払う。

第5条　秘密保持

　　（以下略）

　　令和○年○○月○○日

　　甲　　○　○　○　○　　㊞　　乙　　○　○　○　○　　㊞

1 文書の意義

(1) どのような場面で使われるか

- 本書式は、完全月額報酬のコンサルティング業務を委託する契約書である。本契約のコンサルティング業務は、一定の仕事の完成が予定されておらず、継続的なコンサルティング・アドバイスという事務処理に対して継続的に料金が支払われるものなので、準委任契約となる。

(2) 類似の書面との異同

- 本書式は、一定の報告書の作成などの一定の仕事の完成を予定しておらず、報酬も完全月額である、準委任契約としてのコンサルティング契約に用いるものである。一定の仕事の完成を予定してそれに対して成果報酬が支払われるコンサルティング契約は、請負契約となり、書式 **62** を用いる。

- 書式 **64** の顧問契約とは、名称や用語が異なるだけで、法律的には同一の契約といってよい。イメージとして、コンサルティングは実働に重きが置かれ、顧問は実働の有無を問わずアドバイザー・スーパーバイザーとしての地位に重きが置かれて用いられることが多いようであるが、あくまでイメージの問題にすぎず、結局は契約書に記載される「委託を受ける業務の内容」によって法的効果が決まる。

2 標準的な記載事項

- 委託を受ける業務の内容
- 委託業務の代金の金額、その支払の時期や方法
- 委託業務の提供期間

―――――――――――――――――――――― 印 紙 税 ――――――――――――――――――――――

◤ 結論

課税文書には該当しない。

◤ 解説（印紙税重要事項の解説 **4** 参照）

委任契約書と判断される。

62

コンサルティング契約書
（成果報酬別立て）

コンサルティング契約書

委託者（以下「甲」という。）と受託者○○○○（以下「乙」という。）は、以下のとおりコンサルティング契約を締結する。

第1条　コンサルテーション

乙は、甲の海外進出の支援のため、海外の経済情報等の調査分析を通じて、甲の経営・企画に関してコンサルテーションをする。

第2条　有効期間

本契約の有効期間は、契約の時から1年間とする。

第3条　報告書

1　乙は、以下の報告書(以下「成果物」という。)を作成して、甲に対して提出する。

(1)　令和2年9月30日まで　海外の経済及びマーケット情報等の調査分析

(2)　令和2年12月31日まで　甲の経営・企画に関する提言

2　甲は、乙より成果物の提出を受けた後、1週間以内に成果物の内容を検査し、甲の委託の目的を充足することの検証を行う。かかる検査の合格をもって、成果物の納品とする。

第4条　コンサルテーション報酬

1　コンサルテーションの報酬は、以下のとおりとする(消費税別)。

(1)　月額報酬　（毎月末日支払）　50,000円

(2)　成果物報酬　前条(1)(2)の報告書に対し各150,000円

2　甲は、乙に対して、前項の報酬を、乙から請求書を受領した月の末日までに、甲の指定する銀行口座に振り込んで支払う。

第5条　秘密保持

（以下略）

令和○年○○月○○日
甲　　○　○　○　○　㊞　　乙　　○　○　○　○　㊞

1 文書の意義

(1) どのような場面で使われるか

- 本書式は、成果報酬別建てのコンサルティング契約を委託する契約書である。本契約のコンサルティング業務は、継続的なコンサルティング・アドバイスという事務処理に対して継続的に料金が支払われる準委任契約の部分があるとともに、一定の報告書の作成という仕事の完成に対して成果物報酬が支払われる請負契約の部分がある。

(2) 類似の書面との異同

- 本書式は、一定の報告書の作成などの一定の仕事の完成を予定して、それに対して成果報酬が支払われる、請負契約としてのコンサルティング契約に用いるものである。一定の仕事の完成を予定しておらず、報酬も完全月額であるコンサルティング契約は、準委任契約となり、書式 61 を用いる。

2 標準的な記載事項

- 月額報酬の対象となる業務の内容
- 成果報酬の対象となる業務の内容
- 委託業務の代金の金額、その支払の時期や方法
- 委託業務の提供期間

.... 印 紙 税 ....

◢ 結論

90万円を記載金額とする第2号文書（請負に関する契約書）に該当し、200円の印紙税が課税される。

◢ 解説（印紙税重要事項の解説 4 参照）

一般的なコンサルティング契約書は委任契約書に該当し、印紙税は課税されないケースが多いが、報告書の作成と報酬の支払が対価関係に立つ明確な約定がなされていると、請負に該当することになる。

契約金額は、（（5万円 ×12か月）＋（15万円 × 2 報告））＝90万円と計算される。

63

研究委託契約書

研究委託契約書

　委託者○○○○（以下「甲」という。）と受託者○○○○（以下「乙」という。）は、以下のとおり研究委託契約を締結する。

第1条　研究委託

　　甲は乙に対し、甲の○○○○商品の試作品について、本契約書末尾に添付する別紙に記載の機能及び実用面での有用性の評価（以下「本件研究委託業務」という。）を行うことを乙に委託し、乙はこれを受託する。

第2条　報告書

　1　乙は、本件研究委託業務に関する報告書を作成して、甲に対して提出する。

　2　報告書の提出期限は、令和3年9月30日とする。

第3条　研究費

　1　甲は、乙に対して、以下の研究費（消費税込み）を支払う。

　総額　2,200,000円

　支払方法　令和2年12月31日までに、550,000円

　　　　　　令和3年3月31日までに、550,000円

　　　　　　令和3年6月30日までに、550,000円

　　　　　　令和3年9月30日までに、550,000円

　2　前項の研究費は、乙の指定する銀行口座に振り込んで支払う。

　　（以下略）

　令和○年○○月○○日

　甲　　○　○　○　○　㊞　　乙　　○　○　○　○　㊞

1　文書の意義

（1）どのような場面で使われるか

- 本書式は、商品の試作品の機能及び有用性の評価という研究業務を委託する場合の契約書である。研究業務の結果を報告書として提出することが予定されてはいるものの、研究成果と研究費が対価関係になっていないので、準委任契約となっている。

（2）類似の書面との異同

- 研究に関する書式としては、他に書式 **29** の共同研究開発契約がある。本書式の研究委託契約は、一方当事者が他方当事者に対して研究を一方的に委託する単純な準委任契約であるのに対し、書式 **29** の共同研究開発契約は、双方の当事者が相互に研究及び開発において役割を決定し、相互に委託し合う要素を有し、さらには製品の製造販売や資金提供などを含むビジネス全体に関する構造を決める可能性もある、バリエーションの多い複雑な複合契約である。

2　標準的な記載事項

- 業務の内容、すなわち研究の内容。研究の業務の詳細は、技術的な事項等が多く契約書の中にすべてを書き込むのは困難なので、別書面に定めることが多い。
- 代金の金額、その支払の時期や方法
- 成果物の権利の帰属。
- 成果物の引渡しの時期や方法

.... 印　紙　税 ....

◤ 結論

課税文書には該当しない。

◤ 解説（印紙税重要事項の解説 **4** 参照）

委任契約書と判断される。

64

顧問契約書

顧問契約書

○○○○（以下「甲」という。）と○○○○（以下「乙」という。）は、以下のとおり顧問契約を締結する。

第1条　顧問就任

甲は乙に対し、甲の顧問に就任して以下の事項を行うことを委嘱し、乙はこれを承諾する。

(1)　甲の顧客の紹介その他の営業支援

(2)　甲の経営全般の指導

第2条　顧問料

前項の顧問業務に対するも顧問料は、月額50,000円（消費税別）とし、甲はこれを乙に対して毎月の末日までに、甲の指定する銀行口座に振り込んで支払う。

第3条　有効期間

本契約の有効期間は、契約の時から1年間とする。ただし、本契約の期間満了の1か月前までに、甲乙いずれかから終了する旨の通知がない場合は、同一の条件で1年延長され、以降も同様とする。

第4条　秘密保持

　（以下略）

令和○年○○月○○日

甲　　○　○　○　○　　㊞　　乙　　○　○　○　○　　㊞

解　説

1　文書の意義

（1）どのような場面で使われるか

• 本書式は、顧問契約の契約書である。顧問業務は、通常、一定の仕事の完成が予定されておらず、継続的なアドバイスという事務処理に対して継続的に料金が支

払われるものなので、準委任契約となる。

（2）類似の書面との異同

- 書式 **61** の完全月額報酬のコンサルティング契約とは、名称や用語が異なるだけで、法律的には同一の契約といってよい。イメージとして、コンサルティングは実働に重きが置かれ、顧問は実働の有無を問わずアドバイザー・スーパーバイザーとしての地位に重きが置かれて用いられることが多いようであるが、あくまでイメージの問題にすぎず、結局は契約書に記載される「委託を受ける業務の内容」によって法的効果が決まる。

2 標準的な記載事項

- 委託を受ける業務の内容
- 委託業務の代金の金額、その支払の時期や方法
- 委託業務の提供期間

—————————————————— 印 紙 税 ——————————————————

◪ 結論

課税文書には該当しない。

◪ 解説（印紙税重要事項の解説 **4** 参照）

委任契約書と判断される。

第9章

システム開発・ホームページ
制作に関する文書

65

システム開発委託契約書
（保守契約別）

システム開発委託契約書

委託者○○○○（以下「甲」という。）と受託者○○○○（以下「乙」という。）は、以下のとおりシステム開発委託契約を締結する。

第1条　目的

　　甲は、乙に対し、別紙委託業務明細書の記載に従って乙によって開発されるべきハードウェア、ソフトウェア及び付帯設備を含む情報システム（以下「本件システム」という。）に関し、以下の業務（以下「本件業務」という。）を委託し、乙はこれを受託する。

　　(1)　「システム構築業務」　別紙委託業務明細書及び本契約第2条に従って決定される仕様書に基づいて乙が甲に対して提供する本件システムを構築する請負形態の業務

　　(2)　「企画支援業務」　本件システムの構築のための甲が行う企画、設計及び仕様書の作成等に関して乙が甲に対して提供する準委任形態の支援業務で、別紙委託業務明細書に記載された業務

第2条　企画支援業務の実施等

　　1　乙は、別紙委託業務明細書に記載の作業スケジュールに従って、企画支援業務を実施する。

　　2　乙は、企画支援業務につき、各業務終了後○○日以内に当該企画支援業務の完了報告書（以下「業務完了報告書」という。）を作成し、これを甲に提出して当該企画支援業務の完了を甲に報告する。

第3条　システム構築業務の実施等

　　1　甲は、別紙委託業務明細書に記載の作業スケジュールに従って、本件システム構築のための仕様書を作成し、乙に提出する。

　　2　乙は、前項に基づいて甲から提出された仕様書の内容を検討し、かかる仕様書の内容充分なものであるか否かの確認を行って修正し、本件システム構築業務を実施する。

　　3　本件システム構築業務着手後において、甲又は乙が仕様書の変更が必要であると判断した場合には、かかる当事者は、その業務担当者を通じて相手方の業

務担当者に対してその旨を通知し、○○日以内に甲乙協議のうえ仕様書、作業スケジュール、業務の対価の変更について決定する。

第4条　原始資料の提供等

（中略）

第7条　納入物の納入及び検収

1　乙は、別紙委託業務明細書に記載の納期までに、甲に対し、本件システム構築業務の成果として構築された本件システムの納入物を、納品書とともに納入する。

2　甲は、乙より納入物の納入を受けた後、個別契約に定める検収期間に、納入物を検査し、納入物が個別契約で定められた仕様を満たすことの当否につき確認するものとする。

（中略）

第12条　プログラム等に対する権利の帰属

1　納入物にかかる著作物の著作権（著作権法第27条及び第28条に規定する権利を含む。）は、納入物が乙から甲へ引き渡されたとき、乙から甲へ移転するものとする。

2　前項の納入物に含まれ乙が従前から有しているプログラム及びプログラム中に組み込まれたルーチン、モジュール等のプログラム構成要素であって予め書面により乙から甲に提示されたものの著作権については、乙に留保されるものとする。

第13条　対価及びその支払

甲は、乙に対し、以下の定めに従い、本件業務の対価（消費税別）を支払う。その詳細は、「業務委託報酬及び費用明細書」によるものとする。

(1)　「システム構築業務」

令和3年3月31日限り　50,000,000円

(2)　「企画支援業務」

①令和2年6月30日限り　5,000,000円

②令和2年9月30日限り　5,000,000円

（以下略）

令和○年○○月○○日

甲　　○　○　○　○　㊞　　乙　　○　○　○　○　㊞

1 文書の意義

(1) どのような場面で使われるか

- 本書式は、システム開発を委託し、開発したシステムの運用保守業務までは委託しない（委託する場合は別の契約で委託する）場合の契約書である。システム構築業務の部分は、仕様書に基づくシステムの構築という仕事の完成を委託するものなので、請負契約となる。企画支援業務の部分は、その前段階の企画等の委託者の作業を受託者が支援するもので、準委任契約となる。

(2) 類似の書面との異同

- システム開発の後、さらに開発したシステムの運用保守業務まで委託する場合は、書式 67 を用いる。
- 書式 71 のホームページ制作委託契約とは、コンピュータプログラムの制作という意味で法的には同質の請負契約である。両者の違いは、①通常はシステム開発のほうがホームページ制作より大がかりなので、委託業務の内容や手順が煩雑であり、それが契約書に反映されること、②ホームページ制作はシステム開発より多くの著作物を多く含むので、その権利処理が契約書に反映されること、などである。アプリ開発などは、中間的な位置付けとなり、性質によってどちらかによった契約書が必要となる。

2 標準的な記載事項

- 請け負う仕事の内容、すなわち開発するシステムの内容及び開発作業の内容。システム開発業務の詳細は、技術的な事項等が多く契約書の中にすべてを書き込むのは困難なので、システムそのものの内容の詳細は「仕様書」、その開発作業の内容の詳細は「委託業務明細書」などの別書面に定めることが多い。
- 請負代金の金額、その支払の時期や方法
- 成果物の権利の帰属。請負契約では通常は成果物の権利は注文者に移転させるが、システム開発の場合、システムの一部に受注者の著作物であるプログラムが含まれるケースではその部分を請負人に留保することがある。
- 成果物の引渡しの時期や方法、及び検収の時期や方法
- 成果物に契約不適合（改正前民法の「瑕疵」）があった場合の責任や処理。追完、代金減額、損害賠償、解除などの効果を定める。

結論

5千万円を記載金額とする第2号文書（請負に関する契約書）に該当し、印紙税額は2万円となる。

解説（印紙税重要事項の解説 **4** 参照）

システム構築業務は請負になるが、企画支援業務は委任と判断される。

66

システム開発契約　変更契約書

覚　書

　委託者○○○○ (以下「甲」という。) と受託者○○○○ (以下「乙」という。) は、甲乙間の令和○年○○月○○日付システム開発委託契約書を、以下のとおり変更する。

第１条　原契約第13条の「システム構築業務」の対価 (消費税別) の額を、以下のとおり変更する。

　　　　変更前　　　　50,000,000円

　　　　変更後　　　　60,000,000円

　　　　差額　　　　　10,000,000円

第２条　原契約別紙の業務スケジュールを、以下のとおり変更する。

　　　　変更前　　　**(略)**

　　　　変更後　　　**(略)**

第３条　本覚書に定めのない事項は、原契約のとおりとする。

　　　　令和○年○○月○○日
　　　　甲　　○　○　○　○　㊞　　乙　　○　○　○　○　㊞

解　説

1　文書の意義

(1) どのような場面で使われるか

- 本書式は、システム開発委託契約 (書式 65) で、請負代金額の増額変更及びスケジュールの変更をする際の契約書である。

(2) 類似の書面との異同

- 書式 4 の確認書と、契約の内容を部分的に合意するという意味では同様であるが、同書式は必ずしも契約の内容の変更を伴わないものであり、本書式は契約の内容の変更を目的とするものである。

2 標準的な記載事項

- 契約書中、変更する箇所の特定
- 増額変更後の請負代金額、及び変更後のスケジュール。変更契約書としてはこれらが記載されていれば用は足りるが、変更前も記載しておいたほうが変更の内容がわかりやすい。
- 請負代金額以外の変更事項があれば、変更後（及び変更前）の当該事項

.... 印 紙 税 ....

◪ 結論

1千万円を記載金額とする第2号文書（請負に関する契約書）に該当し、印紙税額は1万円となる。

◪ 解説（印紙税重要事項の解説 7 参照）

原契約書が作成されていて、かつ、変更契約書に変更差額の記載がある場合は、増額のときは変更差額が記載金額とされ、また、減額のときは記載金額なしとされる印紙税額の軽減措置が講じられている。

したがって、変更差額の記載のあるこの文書の場合は、変更差額の1千万円が記載金額となる。

67

システム開発基本契約書
(開発・保守)

システム業務委託基本契約書

委託者○○○○ (以下「甲」という。) と受託者○○○○ (以下「乙」という。) は、以下のとおりシステム業務委託基本契約書を締結する。

第1章　総則

第1条　目的

　　この基本契約は、甲が乙に対し委託し乙がこれを受託する○○○○システム(以下「本件システム等」という。)の開発又はカスタマイズに関する業務における基本的事項につき定めることを目的とする。

第2条　業務の範囲と個別業務

1　甲は、乙に対し、以下の業務のうち、個別契約により特定される業務(以下「個別業務」という。)を委託し、乙はこれを受託する。

　　(1)　システム設計業務

　　(2)　プログラム開発業務

　　(3)　システム等の運用業務

　　(4)　システム等の保守業務

　　(5)　データ入力業務

　　(6)　媒体変換業務

　　(7)　その他甲乙合意のうえ定めた前各号に関連する業務

2　個別業務は、前項各号で定める業務の全部又は一部から構成されるものとし、その内訳は第3条に基づき締結される個別契約で定めるものとする。

第3条　個別契約

　　甲及び乙は、個別業務に着手する前に、当該個別業務について①個別業務の名称、②具体的作業内容(範囲、仕様等)、③作業期間又は納期、④作業スケジュール及び甲・乙の役割分担、⑤甲が乙に提供する情報、資料、機器、設備等(以下「資料等」という。)、⑥納入物の明細及び納入場所、⑦委託料及びその支払方法、⑧検収期間その他検査及び確認に関する事項、⑨その他個別業務遂行に必要な事項以下の各号の取引条件を協議のうえ、個別契約を締結する。個別契約は、取

引条件を明記した、契約書、覚書、注文書及び注文請書等の書類を甲乙間でとりかわすことにより成立する。

第4条　委託料及び支払方法

甲は乙に対し、個別業務の対価として、各個別契約で定めた委託料を当該個別契約で定めた方法で支払う。

第5条　期間

1　基本契約の有効期間は、契約締結の日より1年間とする。ただし、期間満了の3か月前までに、甲乙いずれかから書面による基本契約終了の意思表示がないかぎり、自動的に期間満了の翌日から1年間延長されるものとし、その後も同様とする。

2　前項の定めにかかわらず、個別契約の全部又は一部が終了していないときは、その終了まで基本契約は有効に存続する。

第6条　作業期間又は納期

(中略)

第2章　開発等業務

第14条　システム等開発等業務の実施

1　乙は、個別契約に基づき、本件システムの開発等の業務を行う。

2　前項の業務は請負形態で行われるものとする。

第15条　納入物の納入

乙は甲に対し、個別契約で定める納期までに、個別契約所定の納入物を納品書とともに納入する。甲は、納入があった場合、次条の定めに従い検査を行う。

第16条　検収

(中略)

第3章　保守業務

第19条　システム等保守業務の実施

1　乙は、個別契約に基づき、本件システムの保守業務を行う。

2　前項の業務は、乙が情報処理技術に関する専門的な知識及び経験に基づき、甲の作業が円滑かつ適切に行われるよう、善良な管理者の注意をもって保守業務を行う準委任形態のサービスとする。

第20条　保守業務完了後の措置

乙は、保守業務を完了したときは、甲に対し、作業完了報告書を交付するものとする。

(中略)

第4章　権利帰属

第24条　納入物の所有権

納入物の所有権は、甲から乙へ当該納入物の個別契約にかかる委託料が完済されたときに、乙から甲へ移転する。

第25条　知的財産権の取扱い

1　本件業務の遂行過程において甲又は乙のいずれかが単独で行った本件システムに関する発明、考案等(以下、「関連発明等」という。)に対する特許権等の工業所有権又はこれらを受ける権利(以下、「特許権等」という。)は、それぞれ、当該発明等を単独で行った当事者に帰属する。

2　甲及び乙が共同して行った関連発明等に対する特許権等は、甲及び乙の共有に属する。

3　本件プログラム及び本件プログラムに結合され組み込まれたもので乙が従前より有していたプログラム、ルーチン、モジュール及びノウハウに対する著作権は、乙に帰属する。

4　新たに作成された著作物に対する著作権は、当該著作物を作成した当事者に帰属する。

5　甲乙共同して新たに作成した著作物に対する著作権は、甲乙の共有に属する。

第26条　プログラム等に対する権利の帰属

1　納入物にかかる著作物の著作権(著作権法第27条及び第28条に規定する権利を含む。)は、納入物が乙から甲へ引き渡されたとき、乙から甲へ移転するものとする。

2　前項の納入物に含まれ乙が従前から有しているプログラム及びプログラム中に組み込まれたルーチン、モジュール等のプログラム構成要素であって予め書面により乙から甲に提示されたものの著作権については、乙に留保されるものとする。

(以下略)

令和○年○○月○○日

甲　○　○　○　○　㊞　乙　○　○　○　○　㊞

1 文書の意義

（1）どのような場面で使われるか

- 本書式は、システムの開発という請負と、開発したシステムの保守という準委任（ただし請負の場合もある。書式 **68** の解説を参照）を継続的に委託する際の基本契約書である。請負契約や準委任契約の必須要素である目的物と代金の決定は個別契約書に委ねているので、これらを定めた個別契約書と一体になって初めて具体的な契約が成立する。個別契約書の書式については、書式 **68** の「システム運用保守個別契約書」を参照されたい。

（2）類似の書面との異同

- システム開発の後、開発したシステムの運用保守業務まで委託しない場合は、書式 **65** を用いる。

2 標準的な記載事項

- 開発するシステムの内容及び開発作業の内容。システム開発業務の詳細は、技術的な事項等が多く契約書の中にすべてを書き込むのは困難なので、システムそのものの内容の詳細は「仕様書」、その開発作業の内容の詳細は「委託業務明細書」などの別書面に定めることが多い。
- 成果物の権利の帰属。請負契約では通常は成果物の権利は注文者に移転させるが、システム開発の場合、システムの一部に受注者の著作物であるプログラムが含まれるケースではその部分を請負人に留保することがある。
- 成果物の引渡しの時期や方法、及び検収の時期や方法
- 成果物に契約不適合（改正前民法の「瑕疵」）があった場合の責任や処理。追完、代金減額、損害賠償、解除などの効果を定める。
- システム開発の委託代金の金額、その支払の時期や方法
- 保守業務の内容
- 保守業務の委託代金の金額、その支払の時期や方法
- 委託を受ける業務の内容
- 委託業務の代金の金額、その支払の時期や方法
- 委託業務の提供期間

◢ 結論

第 7 号文書（継続する取引の基本となる契約書）に該当し、印紙税額は 4 千円となる。

◢ 解説（印紙税重要事項の解説 **3** 、 **4** 参照）

システムの開発又はカスタマイズに関する業務は、いずれも、請負に該当する。
なお、国税当局は、保守業務は請負に該当すると判断しているようである。

68 システム運用保守個別契約書

システム運用保守個別契約書

　委託者○○○○（以下「甲」という。）と受託者○○○○（以下「乙」という。）は、甲乙間の令和○年○○月○○日付業務委託基本契約に基づく個別契約として、甲が乙に以下の条件でシステム運用保守を委託する契約を締結する。

1　個別業務の名称
　　甲乙間の令和○年○○月○○日付[システム開発委託契約書に基づき乙が開発した○○○○データ管理システム「○○○○」（以下「システム」という。）

2　具体的運用・保守作業内容
　　システムが24時間365日稼動し、甲及び甲の顧客がこれを利用できることを可能とすることを目的とする以下の運用・保守業務
　　(1)　システムを利用するサーバの死活監視、http、httpsに対するポート監視
　　(2)　システム障害への対応及び報告
　　(3)　システム利用の支援業務
　　(4)　その他上記目的のために必要な運用・保守業務

3　委託料及び支払方法
　　金100,000円（消費税別）／毎月
　　上記金額の当月分を翌月末に乙の指定する金融機関口座に振り込んで支払う。

4　契約期間
　　令和3年4月1日から令和4年3月31日までとする。ただし、期間満了日の1か月前までに甲乙双方から終了の申し出がない場合、満了日の翌日から1年間更新され、以後も同様とする。

　　（以下略）

　令和○年○○月○○日
　甲　　○　○　○　○　印　　乙　　○　○　○　○　印

1 文書の意義

（1）どのような場面で使われるか

- 本書式は、書式 **67** のシステム業務委託基本契約書とともに用いられる運用保守業務の委託の個別契約書である。運用保守業務の内容と委託料の金額を決定して、具体的な契約を成立させるものである。一定の仕事の完成を約するものでないので、法律的には準委任契約と分類するのが普通であるが、業務内容によっては請負契約となる場合も考えられる。また、国税当局は保守契約は請負契約とすることが一般のようである。

（2）類似の書面との異同

- 書式 **2** の注文書及び注文請書も、それにより個別契約が成立することを基本契約書の中に定めることによって、本書式と同様に用いることができる。もっとも、システム開発委託の場合、委託業務の内容を明示する機能としては、書式 **2** の注文書及び注文請書では記載事項が不足するように思われるが、実務上ではそのような取扱いも少なくないのが実情である。

2 標準的な記載事項

- 委託を受ける業務の内容
- 委託業務の代金の金額、その支払の時期や方法
- 委託業務の提供期間

・・・・・・・・・・・・・・・・・・・・・・ 印 紙 税 ・・・・・・・・・・・・・・・・・・・・・・

◤ 結論

　120万円を記載金額とする第2号文書（請負に関する契約書）に該当し、400円の印紙税が課税される。

◤ 解説（印紙税重要事項の解説 **3**、**4**、**5** 参照）

　個別契約とはなっているが、委託料は毎月支払の定めとなっていることから、営業者間において請負に関する二以上の取引を継続して行うため作成される契約書と認められる。

次に、第2号文書（請負に関する契約書）と第7号文書に同時該当するが、記載金額（120万円（10万円×12か月））があることから、通則3のイの規定により、第2号文書に所属が決定される。

　なお、国税当局は、保守業務は請負に該当すると判断しているようである。

ソフトウェア使用許諾契約書

　○○○○(以下「甲」という。)と○○○○(以下「乙」という。)は、甲の提供するソフトウェア製品の使用について、以下のとおりソフトウェア使用許諾契約を締結する。

第1条　使用許諾及び権利帰属
　1　甲は、乙に対し、甲の提供するソフトウェア製品「○○○○」(以下「本ソフトウェア製品」という。)をコンピュータ1台にインストールし使用することができる非独占的な使用権を許諾する。
　2　甲は、本ソフトウェア製品に関する著作権を含む一切の知的財産権及び所有権を保持し、乙に対し本ソフトウェア製品に対するいかなる権利も譲渡しない。

第2条　使用許諾期間
　　本契約の有効期間は、契約の時から満1年とする。ただし、本契約の期間満了の2か月前までに、甲乙いずれかから終了する旨の通知がない場合は、同一の条件で満1年延長され、以降も同様とする。

第3条　使用料
　　乙は、本ソフトウェア製品の使用料として、月額11,000円(消費税込み)の使用料を、毎月の末日までに、甲に対し、甲の指定する銀行口座に振り込んで支払う。

第4条　禁止事項
　　(以下略)

　　令和○年○○月○○日
　　甲　　○　○　○　○　㊞　乙　　○　○　○　○　㊞

1 文書の意義

(1) どのような場面で使われるか

• 本書式は、ソフトウェアの使用を他社に許諾する際に用いられる契約書である。法律的には、著作権の対象となる著作物（プログラムの著作物であるソフトウェア）の使用許諾契約であり、「ライセンス契約」と呼ばれる。

(2) 類似の書面との異同

• 書式 74 は、本書式と同様に著作権の対象となる著作物である写真の使用許諾である。法的には同質であるが、ライセンス対象物の性質の違いから、許諾条件の設定は異なってくる。

• ソフトウェアが特許発明を含む場合、特許権によって保護されていることがあり、その実施許諾を受ける必要が生じる場合がある。特許権は、発明を特許庁に登録することによって保護する権利であって、実施権の設定の仕方が異なるので、これに関する実施許諾の契約書は、書式 34 を参照されたい。

2 標準的な記載事項

• 利用許諾の対象となる著作物の特定。著作者と著作物名で特定するのが一般的である。
• 利用目的
• 利用許諾の期間
• 許諾料（「ライセンス料」「ロイヤルティ」と呼ばれる）の金額、その支払の時期や方法
• 許諾期間中の利用者（「ライセンシー」）の遵守事項
• 目的物に契約不適合（改正前民法の「瑕疵」）があった場合の責任や処理

・・・・・・・・・・・・・・・・・・・・・・・・・・・ 印 紙 税 ・・・・・・・・・・・・・・・・・・・・・・・・・・・

◢ 結論

課税文書には該当しない。

◢ 解説

無体財産権に係る契約書のうち、課税されるものは、特許権、実用新案権、商

標権、意匠権、回路配置利用権、育成者権、商号及び著作権（以下「特許権等」という）の譲渡に関する契約書（第1号の1文書）である。

　したがって、特許出願権、ノウハウなど、これら以外の無体財産権の譲渡に関する契約書は、課税文書には該当しない。

　また、特許権等の実施権又は使用権の設定に関する契約書については、以前は課税されていたが、1989（平成元）年4月1日以降作成されるものから、課税が廃止されている。

70 ソフトウェアサポート契約書

ソフトウェアサポート契約書

　○○○○（以下「甲」という。）と○○○○（以下「乙」という。）は、甲乙間の令和○年○○月○○日付ソフトウェア使用許諾契約に基づいて甲が乙に使用許諾したソフトウェア（以下「本ソフトウェア」という。）のサポートに関して、以下のとおりソフトウェアサポート契約を締結する。

第1条　目的
　　乙は、本契約に基づき、本ソフトウェアのサポート業務を甲に委託し、甲はこれを受託する。

第2条　サポート業務
　　本契約に基づくサポート業務における甲の作業形態は、準委任型の作業形態とする。

第3条　サポート業務の範囲
　1　甲が乙に提供するソフトウェアサポート業務の範囲は、以下のとおりとする。
　　⑴　本ソフトウェアの機能・使用方法に関する一般的な助言
　　⑵　本ソフトウェアの運用管理上の諸問題についての助言
　　⑶　本ソフトウェアの運用管理に役立つ情報の提供
　　⑷　本ソフトウェアの改良版を甲が開発した場合の提供
　2　ソフトウェアサポート業務に関する甲の責任は、前項の作業を最善の努力をもって実施することに限られる。
　3　乙からの要求によるソフトウェアの変更又は改良は、本契約に基づくソフトウェアサポート業務の範囲には含まず、これらについては別途に委託契約を締結して行うものとする。

第4条　サポート料金
　1　サポート料金の単価は11,000円／人時（消費税別）とし、毎月のサポート料金は、実際の作業期間、投入要員に応じて単価に稼働要員数と稼動時間を乗じて算出する。
　2　甲は、毎月の実施報告提出時に、上記サポート料金を算出し、乙に対して請

求書を発行する。

　3　乙は、甲に対して、毎月末日に、請求書に基づいて上記サポート料金を、甲の指定する銀行口座に振り込んで支払う。振込手数料は乙の負担とする。

第５条　契約期間

　本契約は○○年○○月○○日から○○年○○月○○日まで有効に存続するものとする。ただし、甲又は乙のいずれか一方から契約期間満了日の○か月前までに書面により解約の通知がなされない限り、１年間自動的に延長され、その後も同様に延長されるものとする。

　（以下略）

　令和○年○○月○○日
　甲　　○　○　○　○　㊞　　乙　　○　○　○　○　㊞

解　説

1　文書の意義

（1）どのような場面で使われるか

- 本書式は、ソフトウェアのサポート業務を委託する契約書である。本書式のソフトウェアのサポート業務は、必ずしも一定の仕事の完成に対して個別にではなく、事務処理の量に比例して料金が支払われるものなので、準委任契約となる。

（2）類似の書面との異同

- 性質的には、書式 **68** のシステム運用保守契約や、書式 **72** のホームページ運用保守と似るもので、契約書も類似している。ただし、システムやホームページの保守が、サーバ上での動作の常時・定時の監視のような業務を含むことが多いのに対して、本書式のソフトウェアのサポートは、一般的相談、稼働上の不具合が発生したときの対応、アップデート業務といった有事対応が中心となり、実務上の業務の対応は異なってくる。

2　標準的な記載事項

- 委託を受けるサポート業務の内容
- 委託業務の代金の金額、その支払の時期や方法
- 委託業務の提供期間

◤ 結論

課税文書には該当しない。

◤ 解説（印紙税重要事項の解説 **4** 参照）

サポート業務は、委任に該当する。

ホームページ制作委託契約書

委託者○○○○（以下「甲」という。）と受託者○○○○（以下「乙」という。）は、以下のとおりホームページ制作委託契約を締結する。

第1条　本件ホームページ制作の委託

　　甲は乙に対し、本契約書末尾添付の仕様書の内容の甲のホームページ（以下「本件HP」という。）の制作を委託し、乙はこれを受託する。

第2条　乙の業務の範囲

　　乙が甲に提供する業務は下記のとおりとする。

　（1）　甲より提示された仕様に従い、甲から提供されるテキスト原稿、画像等のデータと、乙の提供するHTMLによるデザイン・レイアウトデータ、及び画像データ、スクリプト等と組み合わせて、ホームページを制作すること。

　（2）　既存の写真・画像等のスキャン（デジタライズ）。

　（3）　本件HPを公開するためのレンタルサーバーの契約手配。

第3条　納品

　1　本件HPの納期は、乙が甲から制作に必要なすべてのデータを受け取った時点から○か月とし、乙が同時点までに本件HPを本番環境で公開可能な状況とすることで納品とする。

　2　乙が甲に本件HPの納品を行う場合、甲はインターネット上にて制作物の確認をするものとする。甲から乙へ承認を求める通知の受領後7日以内に乙宛への連絡がない場合は、甲により制作物の内容が承認されたものとする。

第4条　制作料

　1　本件HPの制作料は、400,000円（消費税別）とする。

　2　乙は、甲に対し、前項の制作料を、令和○年○○月○○日限り、甲の別途指定する銀行口座に振り込んで支払う。

第5条　著作権

　　本件HPの著作権は、前項の制作料が完済された時点で、すべて甲に譲渡される。

（以下略）

令和○年○○月○○日
甲　　○　○　○　○　㊞　　乙　　○　○　○　○　㊞

解　説

1　文書の意義

(1) どのような場面で使われるか

- 本書式は、ホームページ制作（コンピュータプログラムの制作）を委託し、制作したホームページの運用保守業務までは委託しない（委託する場合は別の契約で委託する）場合の契約書である。ホームページ制作という仕事の完成を委託するものなので、請負契約となる。

(2) 類似の書面との異同

- ホームページ制作の後、さらに制作したホームページの運用保守業務まで委託する場合は、書式 72 を用いる。

- 書式 65 のシステム開発委託契約とは、コンピュータプログラムの制作という意味で法的には同質の請負契約である。両者の違いは、①通常はシステム開発のほうがホームページ制作より大がかりなので、委託業務の内容や手順が煩雑であり、それが契約書に反映されること、②ホームページ制作はシステム開発より多くの著作物を多く含むので、その権利処理が契約書に反映されること、などである。アプリ開発などは、この両者の中間的な位置付けとなり、アプリの性質によってどちらかの書式に寄せた内容の契約書が必要となる。

2　標準的な記載事項

- 請け負う仕事の内容、すなわち制作するホームページの内容及び制作作業の内容。ホームページ制作の詳細は、技術的な事項等が多く契約書の中にすべてを書き込むのは困難なので、ホームページそのものの内容の詳細は「仕様書」、その開発作業の内容の詳細は「委託業務明細書」などの別書面に定めることが多い。

- 請負代金の金額、その支払の時期や方法

- 成果物の権利の帰属。請負契約では通常は成果物の権利は注文者に移転させるが、ホームページ制作の場合、ホームページの一部に受注者の著作物であるプロ

グラムが含まれるケースではその部分を請負人に留保することがある。

- 成果物の引渡しの時期や方法、及び検収の時期や方法
- 成果物に契約不適合 (改正前民法の「瑕疵」) があった場合の責任や処理。追完、代金減額、損害賠償、解除などの効果を定める。

・・・・・・・・・・・・・・・・・・・・・・・・・・・・・・・・・ 印 紙 税 ・・・・・・・・・・・・・・・・・・・・・・・・・・・・・・・・・

◤ 結論

40万円を記載金額とする第2号文書 (請負に関する契約書) に該当し、200円の印紙税が課税される。

◤ 解説

著作権を譲渡することについての約定があることから (第5条)、第1号の1文書 (無体財産権の譲渡に関する契約書) にも同時該当するが、通則3のロの規定により、記載金額のある第2号文書に所属が決定される。

72 ホームページ制作契約書（保守契約込）

ホームページ制作・保守委託契約書

委託者○○○○（以下「甲」という。）と受託者○○○○（以下「乙」という。）は、以下のとおりホームページ制作委託契約を締結する。

第1条　本件ホームページ制作の委託

甲は乙に対し、本契約書末尾添付の仕様書の内容の甲のホームページ（以下「本件HP」という。）の制作を委託し、乙はこれを受託する。

第2条　乙の業務の範囲

乙が甲に提供する業務は下記のとおりとする。

(1) 甲より提示された仕様に従い、甲から提供されるテキスト原稿、画像等のデータと、乙の提供するHTMLによるデザイン・レイアウトデータ、及び画像データ、スクリプト等と組み合わせて、ホームページを制作すること。

(2) 既存の写真・画像等のスキャン（デジタライズ）。

(3) 本件HPを公開するためのレンタルサーバーの契約手配。

(4) 本件HPを甲からの指示に基づき更新すること。

第3条　納品

1　本件HPの納期は、乙が甲から制作に必要なすべてのデータを受け取った時点から○か月とし、乙が同時点までに本件HPを本番環境で公開可能な状況とすることで納品とする。

2　乙が甲に本件HPの納品を行う場合、甲はインターネット上にて制作物の確認をするものとする。甲から乙へ承認を求める通知の受領後7日以内に乙宛への連絡がない場合は、甲により制作物の内容が承認されたものとする。

第4条　制作料

1　本件HPの制作料は、200,000円（消費税別）とする。

2　乙は、甲に対し、前項の制作料を、令和○年○○月○○日限り、甲の別途指定する銀行口座に振り込んで支払う。

第5条　著作権

本件HPの著作権は、乙が保有する。

第6条　保守料

 1　本件HPの保守料は、毎月20,000円(消費税別)とする。

 2　乙は、甲に対し、前項の保守料を、毎月末日限り、甲の別途指定する銀行口座に振り込んで支払う。

第7条　有効期間

 本契約の有効期間は、契約の時から満1年とする。ただし、本契約の期間満了の3か月前までに、甲乙いずれかから終了する旨の通知がない場合は、同一の条件で満1年延長され、以降も同様とする。

 （以下略）

 令和〇年〇〇月〇〇日

 甲　　〇　〇　〇　〇　㊞　　乙　　〇　〇　〇　〇　㊞

解　説

1　文書の意義

（1）どのような場面で使われるか

- 本書式は、ホームページ制作を委託し、かつ制作したホームページについて随時の更新作業など継続的保守業務まで委託する場合の契約書である。ホームページ制作（プログラムの制作）の部分は、仕事の完成を委託するものであり、報酬も仕事の完成に対して支払われるので請負契約となる。継続的保守業務の部分は、継続的に保守の事務処理行為を行うことを委託し、報酬も仕事の完成の有無を問わず継続的に支払われるので準委任契約と考えられるのが通常だが、更新作業については仕事の完成を委託する要素もあり請負契約と考えられる面も有し、その区別は微妙である。

（2）類似の書面との異同

- ホームページ制作を委託するのみで、ホームページの運用保守業務を委託しない場合は、書式 **71** を用いる。

2　標準的な記載事項

- ホームページ制作については、請け負う仕事の内容、すなわち制作するホームページの内容及び制作作業の内容。ホームページ制作の詳細は、技術的な事項等が多

く契約書の中にすべてを書き込むのは困難なので、ホームページそのものの内容の詳細は「仕様書」、その開発作業の内容の詳細は「委託業務明細書」などの別書面に定めることが多い。

- ホームページ制作の請負代金の金額、その支払の時期や方法
- ホームページ制作の成果物の権利の帰属。請負契約では通常は成果物の権利は注文者に移転させるが、ホームページ制作の場合、ホームページの一部に受注者の著作物であるプログラムが含まれる場合にその部分を請負人に留保することがある。
- ホームページ制作の成果物の引渡しの時期や方法、及び検収の時期や方法
- 継続的保守業務については、委託を受ける業務の内容
- 継続的保守業務の代金の金額、その支払の時期や方法
- 継続的保守業務の提供期間
- ホームページ制作の成果物や継続的保守業務に契約不適合（改正前民法の「瑕疵」）があった場合の責任や処理。追完、代金減額、損害賠償、解除などの効果を定める。

······· 印 紙 税 ·······

◤ 結論

44万円を記載金額とする第2号文書（請負に関する契約書）に該当し、200円の印紙税が課税される。

なお、記載金額は、44万円（20万円＋（2万円×12か月））と計算される。

◤ 解説（印紙税重要事項の解説 **3** 、**4** 、**5** 参照）

HPの制作も、保守も、いずれも、請負に該当するので、それらの合計金額が記載金額となる。

なお、国税当局は、保守業務は請負に該当すると判断しているようである。

73 SEO 対策業務委託契約書

SEOコンサルティングサービス契約書

委託者○○○○(以下「甲」という。)と受託者○○○○(以下「乙」という。)は、以下のとおりSEOコンサルティングサービス契約を締結する。

第1条　SEO コンサルティング

甲は、乙に対し、甲の選定キーワードをロボット型検索エンジンの検索結果で上位表示させる為、甲指定のホームページを最適化するとともに、アクセスアップ、相互リンク等によるリンクポピュラリティの向上させる作業(以下「SEO対策」という。)、その他甲へのサイト運営に関するコンサルティング、アドバイス(以下「SEOコンサルティング」という。)を委託し、乙はこれを受託する。

第2条　キーワード選定

甲は、乙に対しSEO対策を施すうえでの必要となるキーワードを選定することができる。

第3条　SEO コンサルティング料金及び支払条件

甲は、乙に対し、SEOコンサルティングの料金として、以下の料金(消費税別)を支払う。ただし、サイトリニューアル等ページを大幅に変更する作業を伴う場合は、乙は甲に対し別途代金を請求できるものとする。

　(1) 当初料金　令和○年○○月○○日まで　　　500,000円(消費税別)
　(2) 保守料金　令和○年○○月以降毎月末日限り　30,000円(消費税別)

第4条　SEO コンサルティング保守契約期間

本契約の有効期限は、本契約締結日から1年間とする。甲乙いずれか一方より期間満了1か月前までに書面による契約終了の申し出のない限り、さらに1年間延長し、以後も同様とする。

第5条 サービスの停止及び価格変更

乙が提供するSEOコンサルティングが、検索エンジンのアルゴリズムの変更等により乙が甲に対するSEOコンサルティングの提供が困難となる場合は、乙は甲に対しサービスを停止し、又は保守料金を変更することができるものとする。この場合、事前に乙は甲に対し変更事由及び変更内容を通知しなければならない。

（以下略）

令和○年○○月○○日
甲　○　○　○　○　㊞　乙　○　○　○　○　㊞

解　説

1　文書の意義

（1）どのような場面で使われるか

- 本書式は、SEO（Search Engine Optimization、検索エンジン最適化。内容については書式の第1条を参照）対策のコンサルティングを委託する場合の契約書である。基本的には、SEO対策コンサルティングは、継続的にSEO対策のコンサルティング、アドバイスなどの事務処理行為を行うことを委託し、報酬も仕事の完成の有無を問わず継続的に支払われるので、準委任契約と考えられるのが通常である。しかし、対策の導入当初には、ホームページの大幅改訂などまとまった作業が必要になることが多く、この作業については仕事の完成を委託する要素があるので、請負契約と考えられるケースもあろう。本書式は、対策の導入当初における一定の作業の明記していないので請負契約と断定しがたいが、当初料金が高額である点からすると、事実上はそのような作業が前提とされている可能性もある。

（2）類似の書面との異同

- インターネット上での広告効果を追求するという意味で、書式 **44** のインターネット広告代理と同様の業務であり、実際に書式 **44** の広告代理店契約に本書式のSEO対策業務委託契約が含まれるものも少なくない。書式 **44** のインターネット広告代理は広告出稿という仕事の完成が目的となるため請負契約となるが、書式 **73** のSEO対策は継続的な業務であり明確な仕事の完成を概念しがたいため、準委任契約になる（ただし上述のように請負契約との区別は微妙である）。

2　標準的な記載事項

- 委託を受ける業務の内容
- 委託業務の代金の金額、その支払の時期や方法
- 委託業務の提供期間

◢ 結論

86万円を記載金額とする第2号文書（請負に関する契約書）に該当し、200円の印紙税が課税される。

なお、記載金額は、当初料金50万円に保守料金36万円（3万円×12か月）を加算した金額となる。

◢ 解説（印紙税重要事項の解説 4 参照）

コンサルティング契約は、一般的には委任に該当する。

しかしながら、「SEOコンサルティング」には、保守作業など請負に該当すると考えられるものも含まれていて、かつ、総額の対価となっているので、全額が第2号文書の記載金額となる。

なお、国税当局は、保守業務は請負に該当すると判断しているようである。

第 10 章

コンテンツ取引に関する文書

著作物利用許諾契約書

写真利用許諾契約書

　著作者○○○○（以下「甲」という。）と利用者○○○○（以下「乙」という。）は、以下のとおり著作物利用許諾契約を締結する。

第1条　写真の利用許諾

　　甲は乙に対し、甲が制作しインターネットコンテンツ上に配信した甲の著作物である○○○○の写真（以下「本件写真」という。）について、本契約に定める条項に従い、乙が利用することを許諾する。ただし、この許諾は通常の実施許諾であり、独占的・排他的なものではない。

第2条　甲の権限

　　甲は、本件写真について、インターネット上でのダウンロードの管理及び許諾権を含むすべての著作権を有するものであり、乙に対する本契約による利用許諾が上記の権限に基づくものであることを保証する。

第3条　許諾の範囲

　1　乙の本件写真の利用許諾の範囲は、○○○○に掲載するための使用に限定する。

　2　乙は本契約により許諾を受けた本件写真の利用権につき、第三者に利用権を譲渡し、あるいは再許諾してはならない。

　3　乙が本件写真を、第1項に定めた以外の一切の著作物について利用をするには、あらかじめ甲の書面による承諾を得なければならない。

第4条　本件写真の保護

　1　乙は、本件写真が一般に対して有していると甲において判断するイメージを損なう形で、本件写真を使用してはならない。

　2　乙は、本件写真を、甲及び丙の名誉・声望を害すると甲が判断する報道に使用してはならない。

第5条　期間

　　第1条の利用許諾期間は、令和2年4月1日から令和3年3月31日までとする。

第6条　利用料

1　本件写真の利用料は、写真1点当たり金1万円（税別）とし、ダウンロードした写真点数に応じて支払う。

2　前項の利用料の支払方法として、本契約締結と同時に乙は甲に対し金5万円（税別）を前払いする。これを最低利用料とするが、最低利用料については理由の如何を問わず返還しない。

3　第1項により算出した利用料が前項の最低利用料を超えた時点から乙はそれを追加利用料として甲に対して支払う。

4　追加利用料については、契約期間の満了をもって精算し、契約期間満了の翌月○日までに、乙は甲の別途指定する銀行口座に振込んで支払う。

（以下略）

令和○年○○月○○日

甲　　○　○　○　○　㊞　　　　　　　乙　　○　○　○　○　㊞

解　説

1 文書の意義

（1）どのような場面で使われるか

- 本書式は、写真の利用を他社に許諾する際に用いられる契約書である。法律的には、著作権の対象となる著作物の使用許諾契約であり、「ライセンス契約」と呼ばれる。

（2）類似の書面との異同

- 書式 77 の肖像使用許諾同意書は、同じく写真について使用の許諾を定めるものであるが、本書式の著作物利用許諾契約が、写真家の著作権に基づく利用許諾であるのに対して、書式 77 の肖像使用許諾同意書は、写真の被写体の肖像権（プライバシー権の一種）に基づく使用許諾である。

- 書式 69 は、本書式と同様に著作権の対象となる著作物であるソフトウェアの使用許諾である。法的には同質であるが、ライセンス対象物の性質の違いから、許諾条件の設定は異なってくる。

- 書式 76 の出版権設定契約も、著作権の利用許諾の一種であるが、同書式が著作権法に基づく出版権の設定行為であるのに対して、本書式はそうではない通常の

利用許諾である。本書式の出版契約が締結された場合、著作権者は、自ら出版行為を行うことも、他の出版社にさらに出版権が設定することもできなくなる。これに対し、書式 **74** の著作物利用許諾契約に基づく場合、著作権者は、許諾した内容と同様の利用を、自らすることも、第三者にさらに許諾することもできる。

- もし使用するのがトレードマーク的なものであった場合、商標権によって保護されていることがあり、その使用許諾を受ける必要が生ずることがある。商標権は、商標・商号などの商品又は役務の表示を、特許庁に登録することによって保護する権利であって、使用権の設定の仕方が異なるので、これに関する使用許諾の契約書は、書式 **43** を参照されたい。

2 標準的な記載事項

- 利用許諾の対象となる著作物の特定。著作者と著作物名で特定するのが一般的である。
- 利用目的
- 利用許諾の期間
- 許諾料 (「ライセンス料」「ロイヤルティ」と呼ばれる) の金額、その支払の時期や方法
- 許諾期間中の利用者 (「ライセンシー」) の遵守事項

────────── 印 紙 税 ──────────

◤ 結論

課税文書には該当しない。

◤ 解説

無体財産権に係る契約書のうち、課税されるものは、特許権、実用新案権、商標権、意匠権、回路配置利用権、育成者権、商号及び著作権 (以下「特許権等」という。) の譲渡に関する契約書 (第1号の1文書) である。

したがって、特許出願権、ノウハウなど、これら以外の無体財産権の譲渡に関する契約書は、課税文書には該当しない。

また、特許権等の実施権又は使用権の設定に関する契約書については、以前は課税されていたが、1989 (平成元) 年4月1日以降作成されるものから、課税が廃止されている。

75 著作権譲渡契約書

著作権譲渡契約書

　譲渡人○○○○（以下「甲」という。）と譲受人○○○○（以下「乙」という。）は、以下のとおり著作権譲渡契約を締結する。

第1条　目的

　　甲は、別紙に定める著作物「○○○○」（以下、「本著作物」という。）のすべての著作権（複製権、放送権、翻訳権、映画化権、本著作物を原著作物とする二次的著作物についての利用権、著作権法第27条及び同法第28条に定める権利を含むがこれに限られない。また、同著作物を動画その他の形式を問わず動作をさせる改変・翻案をする権利及び同著作物に関するキャラクターの商品化権一切を含む。以下、「本著作権」という。）を乙に譲渡することとし、乙はこれを買い受ける。

第2条　対価

　1　乙は甲に対し、本著作権譲渡の対価として金220,000円（税込）を支払うものとする。

　2　乙は、甲に対し、乙が前項に定める金額を、令和○年○○月○○日限り、甲の指定する銀行預金口座へ振り込んで支払う。振込手数料は乙の負担とする。

第3条　保証

　　甲は乙に対し、本著作物が第三者の著作権又は肖像権、その他いかなる権利も侵害していないこと、甲によって合法的に制作されたものであること、及び本著作物の著作権に関するすべての著作権が甲から乙以外の第三者に移転していないことを保証する。

第4条　著作者人格権の不行使

　1　甲は乙に対し、本著作物にかかる著作者人格権を行使しないものとする。

　2　本著作物について甲が著作者人格権を行使するときには、乙の書面による事前の承諾を得なければならない。

　3　乙が甲に対し、第三者に対する著作者人格権の行使を要請した場合、甲はこれに異議なく応じるものとする。

4　乙は、本著作物を必要に応じ、改変、修正できるものとし、甲は乙に対し、同一性保持権を行使しない。

5　乙は、本著作物の利用にあたって、著作者の表示をしないことができる。

6　甲は、乙に対して、乙の本著作物の利用について、今後一切の異議を述べないものとする。

第5条　権利移転時期

甲及び乙は、第2条に規定する対価の支払日をもって、本著作権が甲から乙に移転したことを確認する。

第6条　登録

甲は、乙が本著作権の譲渡を登録する場合、これに協力する。ただし、登録に関する費用は乙の負担とする。

（以下略）

令和〇年〇〇月〇〇日

甲　〇　〇　〇　〇　㊞　　　　　　乙　〇　〇　〇　〇　㊞

解　説

1　文書の意義

(1) どのような場面で使われるか

・本書式は、著作権の譲渡に用いられる契約書である。知的財産権のうち、創作を保護する著作権については、特許庁への登録の制度自体は存在するものの、登録を要さずして権利として保護されるものであり、通常は権利の登録を行わない。

(2) 類似の書面との異同

・特許権、実用新案権、意匠権、商標権（四つの権利を総称して産業財産権という）は、特許庁に登録することによって権利として保護されるものであり、譲渡の手続も特許庁の登録が関連するので、目的物や譲渡手続の定めの様相が変わってくる。書式 35 を用いることとなる。

2　標準的な記載事項

・譲渡の対象となる著作物の特定。著作者と著作物名で特定するのが一般的である。

- 譲渡代金の金額、その支払の時期や方法
- 著作物に関する資料の引渡しなどがあれば、その手続
- 著作者人格権の不行使。著作物については、その経済的利用権たる著作権を譲渡しても、氏名公表権・同一性保持権など譲渡不能の著作者人格権が著作者に残る。これを行使されると、譲渡された著作権の行使に影響が出るので、その不行使を約束するのである。

印 紙 税

◤ 結論

　22万円を記載金額とする第1号の1文書（無体財産権の譲渡に関する契約書）に該当し、400円の印紙税が課税される。

◤ 解説

　「22万円（税込）」の約定は、消費税等の額が具体的に記載されていないので、この場合は22万円が記載金額となる。

　例えば、「22万円。内消費税等2万円」又は「税抜20万円。消費等税2万円」と記載されている場合は、20万円が記載金額となる。

　なお、無体財産権に係る契約書のうち、課税されるものは、特許権、実用新案権、商標権、意匠権、回路配置利用権、育成者権、商号及び著作権（以下「特許権等」という）の譲渡に関する契約書（第1号の1文書）である。

　したがって、特許出願権、ノウハウなど、これら以外の無体財産権の譲渡に関する契約書は、課税文書には該当しない。

　また、特許権等の実施権又は使用権の設定に関する契約書については、以前は課税されていたが、1989（平成元）年4月1日以降作成されるものから、課税が廃止されている。

出版契約書

著作物名　　○○○○

著作者名　　○○○○

著作権者名　○○○○

　著作権者○○○○（以下「甲」という。）と出版権者○○出版株式会社（以下「乙」という。）は、上記著作物（以下「本著作物」という。）に係る出版その他の利用等につき、以下のとおり合意する。

第1条　出版権の設定

　1　甲は、本著作物の出版権を、乙に対して設定する。

　2　乙は、本著作物に関し、日本を含むすべての国と地域において、第2条に記載の行為を行う権利を専有する。

第2条　出版権の内容

　　出版権の内容は、以下の第1号から第3号までのとおりとする。

　⑴　紙媒体出版物として複製し頒布すること

　⑵　DVD-RAM、メモリーカード等の電子媒体に記録したパッケージ型電子出版物として、複製し頒布すること

　⑶　電子出版物として複製し、インターネット等を利用し公衆に送信すること

第3条　甲の利用制限

　　甲は、本契約の有効期間中、本著作物の全部又は一部と同一又は類似する内容の著作物について、前条に定める行為を、自ら行わず、かつ第三者をして行わせない。

第4条　著作物利用料の支払

　　乙は、甲に対し、以下のとおり著作物利用料を支払う。

　　　　実売部数1部ごとに　　　　　220円

　　　　保証部数　　　　　　　　　1,000部

　　　　保証金額　　　　　　　　220,000円

第5条　有効期間

　本契約の有効期間は、契約の時から満2年とする。ただし、本契約の期間満了の3か月前までに、甲乙いずれかから終了する旨の通知がない場合は、同一の条件で6か月延長され、以降も同様とする。

　（以下略）

令和〇年〇〇月〇〇日

甲　〇　〇　〇　〇　㊞　　　　　　乙　〇　〇　〇　〇　㊞

解　説

1　文書の意義

(1) どのような場面で使われるか

- 本書式は、著作物について出版権を設定する契約書である。主に出版社に対して出版権を設定する際に用いられる。
- 出版権の設定とは、図書や図画を出版するために、複製権（著作権の一種）を独占的に利用許諾するものであり、単なる契約に基づく許諾ではなく、著作権法に定められた行為と位置付けられている。出版権が設定されていれば、著作権者自身も出版行為を行なうことはできず、出版権者は第三者の無許諾の出版行為を差し止めることもできる。

(2) 類似の書面との異同

- 書式 74 の著作物利用許諾契約も、著作権の利用許諾であるが、本書式が著作権法に基づく出版権の設定行為であるのに対して、書式 74 はそうではない通常の利用許諾である。本書式の出版契約が締結された場合、著作権者は、自ら出版行為を行うことも、他の出版社にさらに出版権が設定することもできなくなる。これに対し、書式 74 の著作物利用許諾契約に基づく場合、著作権者は、許諾した内容と同様の利用を、自らすることも、第三者にさらに許諾することもできる。

2　標準的な記載事項

- 出版権設定の対象となる著作物の特定。著作者と著作物名で特定するのが一般的である。
- 出版権の内容。著作権者自身も出版行為を行うことはできないことも確認的に記載

される。

- 著作物利用料の金額、その支払の時期や方法

印 紙 税

◢ 結論

課税文書には該当しない。

◢ 解説

無体財産権に係る契約書のうち、課税されるものは、特許権、実用新案権、商標権、意匠権、回路配置利用権、育成者権、商号及び著作権（以下「特許権等」という）の譲渡に関する契約書（第1号の1文書）である。

したがって、特許出願権、ノウハウなど、これら以外の無体財産権の譲渡に関する契約書は、課税文書には該当しない。

また、特許権等の実施権又は使用権の設定に関する契約書については、以前は課税されていたが、1989（平成元）年4月1日以降作成されるものから、課税が廃止されている。

肖像使用許諾同意書

○○○○株式会社　御中

画像等の使用に関する同意書

　私は、貴社に対し、下記の対象画像等（被写体の変更・変形を行わない画像処理・編集を施したものを含みます。）を、貴社のサービスに関するサンプル及び宣伝広告の目的で使用すること（印刷物・CD-ROM等のデジタルメディア・インターネット掲載など使用媒体及び使用期間を限定しないものとします。）に同意します。ただし、私が貴社に上記の使用の停止を求めた場合には、貴社が早急に使用停止することを条件とします。

［対象画像等］

　　　　□　下記撮影日及び撮影場所にて撮影された静止画像又は動画

　　　　撮影日　　　　　　　年　　　　月　　　　日

　　　　撮影場所

　　　　□　本文書に添付する静止画像又は動画

　　　　□　その他（＿＿＿＿＿＿＿＿＿＿＿＿＿＿＿＿＿＿＿）

使用料10,000円は、下記の口座にお振り込みください。

＿＿＿＿＿＿＿＿銀行＿＿＿＿＿＿＿＿支店　□普通　□当座

口座番号＿＿＿＿＿＿＿＿　口座名義人＿＿＿＿＿＿＿＿＿＿＿

　令和○年○○月○○日

　　　　　　　　　　　　　　肖像権者　　○　○　○　○　　㊞

解　説

1　文書の意義

(1) どのような場面で使われるか

・本書式は、写真や映像に収録された個人の肖像について、その本人の使用を承諾

する同意書である。個人の肖像は当該個人の肖像権（プライバシー権の一種）によって保護されており、無断で使用すると肖像権の侵害として不法行為となるので、事前に本人の承諾を得るものである。

（2）類似の書面との異同

- 書式 **74** の著作物利用許諾契約書は、同じく写真について使用の許諾を定めるものであるが、書式 **74** の著作物利用許諾契約が、写真家の著作権に基づく利用許諾であるのに対して、本書式の肖像使用許諾同意書は、写真の被写体の肖像権（プライバシー権の一種）に基づく使用許諾である。

2 標準的な記載事項

- 使用を同意する画像の特定
- 使用条件。用途や使用期間などが限定される。
- 使用料の金額及び支払方法

・・・・・・・・・・・・・・・・・・・・・・・・・・・・・・・・ 印 紙 税 ・・・・・・・・・・・・・・・・・・・・・・・・・・・・・・・・

◤ 結論

課税文書には該当しない。

◤ 解説

無体財産権に係る契約書のうち、課税されるものは、特許権、実用新案権、商標権、意匠権、回路配置利用権、育成者権、商号及び著作権（以下「特許権等」という）の譲渡に関する契約書（第1号の1文書）である。

したがって、特許出願権、ノウハウなど、これら以外の無体財産権の譲渡に関する契約書は、課税文書には該当しない。また、特許権等の実施権又は使用権の設定に関する契約書については、以前は課税されていたが、1989（平成元）年4月1日以降作成されるものから、課税が廃止されている。

78 音楽アーティスト　出演契約書

コンサート出演契約書

　公演主催者○○○○（以下「甲」という。）とミュージシャン○○○○（以下「乙」という。）は、甲が制作するコンサートの出演業務について以下のとおりコンサート出演契約を締結する。

第1条　目的
　　甲は乙に対し、別紙記載の日程で行われる甲所属のアーティスト○○○○のコンサートツアー「○○○○」（以下「本件コンサート」という。）への出演を委託し、乙はこれを受託する。

第2条　業務
　　乙は、甲の指示に従って、本件コンサートに出演する。

第3条　出演料
　　1　甲は乙に対して、本件コンサートの出演料として、以下の報酬を支払う。
　　(1)　本番1ステージ　金150,000円（消費税別・源泉税込）
　　(2)　リハーサル2回　1回当たり金50,000円（消費税別・源泉税込）
　　2　甲は、出演料を、乙から請求書を受領した月の翌月末日までに、乙の指定する銀行口座へ現金振込をもって乙に支払う。

第4条　経費
　　1　前条の出演料には、乙の衣装代、楽器使用料、楽器メンテナンス代を含む。
　　2　本件コンサート本番に出演するための乙の旅費、交通費及び宿泊代は、甲が負担する。支払は、前条2項の出演料と合わせて行う。
　　3　リハーサルに出席するための乙の交通費は、乙が負担する。

第5条　氏名・肖像等
　　乙は甲に対して、甲又は甲の指定する者が、以下の目的のために乙の氏名、芸名、肖像、写真、筆跡、経歴等を無償で使用することを許諾する。
　　(1)　本件コンサートの広告宣伝

(2) 本件コンサートを収録したレコード及びビデオ等の広告宣伝ならびにその添付物

第6条　映像・音源の二次利用

1　乙は甲に対し、本件コンサートにおける乙の実演に係る著作権法上の一切の権利（著作隣接権、二次使用料請求権、貸与報酬請求権、放送のIPマルチキャスト技術による同時再送信に係る補償金請求権、私的録音録画補償金請求権を含む。）を地域、期間、範囲の何等制限なく譲渡する。

2　甲は、前項により、本件コンサートの映像（音声を含む。）を収録し、その映像又は音声を固定した原盤の全部又は一部を独占的に利用して、レコード、ビデオその他を複製し、国内・国外を問わず、自由に頒布し、又は公衆配信することができる。

3　甲は乙に対して、本条第1項に規定する権利の譲受の対価として、金200,000円（消費税別・源泉税込）を支払う。

第7条　契約期間

本契約は、本契約の締結日よりその効力を発し、本件コンサートの公演及び経費精算の完了により終了する。

（以下略）

令和〇年〇〇月〇〇日

甲　　〇　〇　〇　〇　㊞　　　　　乙　　〇　〇　〇　〇　㊞

解　説

1　文書の意義

(1) どのような場面で使われるか

- 本書式は、コンサートの公演主催者がアーティストに対して出演を委託する際の契約書である。コンサートの出演という一定の仕事の完成に対して料金が支払われるものなので、請負契約となる。また、第6条は、アーティストの有する実演家の著作隣接権等の権利の譲渡契約の性質を有する。

(2) 類似の書面との異同

- 書式 79 のプロダクション専属契約とは共通する部分もあるが、本書式のコンサート出演契約は、①単独のコンサートに関する契約であること、②公演主催者がアー

ティストに対して活動を委託する一方的な請負契約であることに対し、書式 **79** のプロダクション専属契約は、①アーティストの活動全体に関する契約であること、②プロダクションがアーティストに対して活動を委託するとともにアーティストがプロダクションに対して権利管理や活動促進を委託する双方的な請負・準委任契約であることの点で、性格を異にする。

2 標準的な記載事項

- 請け負う仕事の内容、すなわち出演するコンサートの特定と出演の内容
- 請負代金 (すなわち出演料) の金額、その支払の時期や方法
- 成果物の権利の帰属。請負契約では通常は成果物の権利は注文者に移転させる。ただしコンサート出演契約の場合はアーティストの著作権、著作者隣接権 (実演家の権利)、肖像権などを含むので、一律に移転させるとは限らず、別個の定めをすることもある。

············· 印 紙 税 ·············

◪ 結論

25万円を記載金額とする第2号文書 (請負に関する契約書) に該当し、200円の印紙税が課税される。

◪ 解説 (印紙税重要事項の解説 **5** 参照)

出演契約書は第2号文書 (請負に関する契約書) に該当する。また、著作権等の譲渡契約書は第1号の1文書 (無体財産権の譲渡に関する契約書) に該当する。

この文書は、第1号の1文書と第2号文書に同時該当するが、通則3のロの規定により、著作権等の譲渡金額 (無体財産権の譲渡の対価・20万円) と出演料の金額 (請負の対価・25万円) を比較し、金額が高いほうの文書 (同額の場合は前者の文書) に所属が決定される。

なお、出演料の対価は、第3条に規定する「本番1ステージ15万円とリハーサル1日5万円×2回」を加算した金額となる。

79

音楽アーティスト プロダクション専属契約書

専属契約書

　○○○○プロダクション（以下「甲」という。）とアーティスト○○○○（以下「乙」という。）は、乙の録音録画活動、著作物創作活動及び芸能活動に関して、以下のとおり専属契約を締結する。

第1条　目的

　　乙は、本契約期間中、甲の専属芸術家として甲の指示に従い、甲又は甲の指定する第三者のために下記の業務（以下「アーティスト活動」という。）を行うものとし、甲の承認を得ずして第三者のためにこれらの業務を行わないことに同意する。

　　⑴　レコード及びビデオの複製・頒布、音楽配信、映画音楽、演劇音楽、ミュージカル、CM音楽等を目的とする作詞、作曲等の音楽著作物の創作及び執筆等の創作業務。

　　⑵　テレビ、ラジオ、レコード、ビデオ、映画、演劇、コンサート、コマーシャル等の出演及び実演業務。

　　⑶　その他一切の著作物の創作活動、出演・実演業務及び取材会見業務。

第2条　権利の帰属

　1　乙は甲に対し、乙の創作により発生する著作権法上の一切の権利（著作権法第27条及び第28条に規定する権利を含む。）、及びアーティスト活動に係る乙の実演により発生する著作権法上の一切の権利（著作隣接権、二次使用料請求権、貸与報酬請求権、放送のIPマルチキャスト技術による同時再送信に係る補償金請求権、私的録音録画補償金請求権を含む。）を地域、期間、範囲の何等制限なく独占的に譲渡する。

　2　前項に基づいて甲が取得した権利の一部又は全部を、甲は自由な判断により第三者に許諾又は譲渡することができる。

第3条　収入

　　甲は、乙のアーティスト活動により発生する一切の対価を第三者に対して請求し、これを受領する権利を独占的に有するものとする。

第4条　義務

1　甲は、乙のアーティスト活動が円滑にかつ支障なく行われるよう第三者との交渉及び契約を、甲の持つ機能を充分に活用して行う。

2　甲は、本契約に基づく乙のアーティスト活動により発生する著作権及び著作隣接権の管理を行う。

第5条　対価

甲は、乙に対し、本契約の対価として、下記に規定する報酬を支払う。

(1)　専属料　月額：金500,000円（消費税別・源泉税込）／支払期日：毎月25日に支払う。

(2)　実演家印税　乙の実演が収録されるレコード、ビデオ、音楽配信に関して、印税10％

(3)　著作権使用料　甲が指定する第三者と乙との間で別途取り交わす著作権契約書による。

(4)　貸レコード使用料、二次使用料、私的録音録画補償金等　権利者団体より受領する使用料の10％

(5)　ライブ・コンサート、映画・テレビ・ラジオ・コマーシャルの出演料　甲乙都度協議して取り決める額

第7条　経費

乙のアーティスト活動にかかる乙の小口交通費、食費等の諸経費については、甲が認めたものを除き、原則として、前条1号に規定する専属料に含まれる。

第8条　名称等の使用

1　甲又は甲の指定する者は、その製作又は販売・頒布する製品及び販売促進物、その他において、販売、広告、宣伝のために乙の氏名、芸名、略称、写真、肖像、筆跡、経歴その他乙に係る一切の事項を無償で使用することができるものとし、乙は他の者にその使用を許諾しない。

2　商品化権（乙の名称等を商品に付して使用する権利）の第三者に対する許諾権及び使用料を受ける権利は、甲に独占的に帰属する。

3　甲又は甲の指定する者は、本契約終了後においても、本契約期間中に制作した原盤の利用及びその販売促進物等のために、乙の名称等を無償で自由に使用することができる。

第9条　契約期間

本契約の有効期間は、本契約締結日より3年間とする。ただし、本契約の期間満了の3か月前までに甲又は乙より文書による反対の意思表示のない限り、本契約は自動的に1年間延長され、その後の期間延長についても同様とする。

（以下略）

令和○年○○月○○日

甲 ○ ○ ○ ○ ㊞　　　　乙 ○ ○ ○ ○ ㊞

解 説

1 文書の意義

(1) どのような場面で使われるか

- 本書式は、音楽アーティストがプロダクションと専属契約を締結する際の契約書である。専属契約には、①アーティストがプロダクションに対して、創作や実演などを提供し、これらに関する著作権等を譲渡する約束と、②プロダクションがアーティストに対して、譲渡を受けた創作や実演などの著作権を管理して、その活動を促進させる業務を提供する約束が含まれる。対価は、プロダクションからアーティストに対して支払われる。継続的な事務処理の提供（継続的な創作や実演などの提供など）を約する準委任的契約な部分、一定の仕事の完成（コンサート出演など）を約する請負契約的な部分など、多様な内容を含む混合契約である。

(2) 類似の書面との異同

- 書式 78 のコンサート出演契約とは共通する部分もあるが、書式 78 のコンサート出演契約は、①単独のコンサートに関する契約であること、②公演主催者がアーティストに対して活動を委託する一方的な請負契約であることに対し、本書式のプロダクション専属契約は、①アーティストの活動全体に関する契約であること、②プロダクションがアーティストに対して活動を委託するとともにアーティストがプロダクションに対して権利管理や活動促進を委託する双方的な請負・準委任契約である点で、性格を異にする。

2 標準的な記載事項

- アーティストがプロダクションに対して提供する活動業務の内容
- アーティストがプロダクションに対して譲渡する権利の内容
- プロダクションがアーティストに対して提供する活動促進業務の内容
- プロダクションがアーティストに対して提供する権利管理業務の内容
- 上記各業務に必要な権利の使用・実施許諾

- 委託業務の代金の金額、その支払の時期や方法
- 契約期間

···························· 印 紙 税 ····························

◢ 結論

1800万円を記載金額とする第2号文書（請負に関する契約書）に該当し、印紙税額は2万円となる。

◢ 解説（印紙税重要事項の解説 **5** 参照）

音楽家、映画俳優、プロ野球の選手等特定の者の専属契約書は第2号文書（請負に関する契約書）に該当することになる（印法課税物件表第2号文書の定義欄、印令21条）。

また、著作権等の譲渡契約書は第1号の1文書（無体財産権の譲渡に関する契約書）に該当する。

この文書は、第1号の1文書と第2号文書に同時該当するが、第2号文書に係る記載金額はあるものの、第1号の1文書に係る記載金額がないことから、第2号文書に所属が決定される。

なお、請負とみなされる専属料の総額は、月額50万円に契約期間3年（36か月）を乗じた金額となる。

80

写真撮影業務委託契約書

写真撮影業務委託契約書

委託者○○○○（以下「甲」という。）と受託者○○○○（以下「乙」という。）は、以下のとおり写真撮影業務委託契約を締結する。

第1条　委託業務

　　甲は乙に対し、以下の業務（詳細は甲の指示による。以下「本業務」という。）を委託し、乙はこれを受託する。

　　(1)　平均週3日、各日8時間程度の、甲の指定するスタジオ、撮影場所における、甲の指定する写真の撮影、及び成果物である写真の電子データの納品

　　(2)　前項に必要な付随作業及び連絡

第2条　委託料

　　1　甲は乙に対し、本業務の対価として、月額金200,000円（消費税別）を支払う。

　　2　甲は、前項に定める委託料の当月分を翌月末日までに、乙の指定する銀行口座に振り込む方法によって支払う。

第3条　契約期間・契約更新

　　1　契約期間は、令和2年4月1日から令和2年9月30日までとする。

　　2　契約期間満了日の1か月前までに、甲乙いずれからも何ら申し出のないときは、本契約と同一の条件でさらに6か月間更新するものとし、以後同様とする。

第4条　乙の義務

　　1　本業務に利用するカメラ及びPCは、乙の所有物を使用する。

　　2　前項に定める機材以外の機材は、甲の所有物を使用できるものとする。

第5条　権利処理

　　本業務によって制作された成果物の著作権（著作権法27条及び28条の権利を含む。）その他の一切の権利は、甲に帰属するものとする。乙は、前述の成果物に対し、著作者人格権を行使しない。

　　（以下略）

　　令和○年○○月○○日

　　甲　　○　○　○　○　㊞　　　　　　乙　　○　○　○　○　㊞

1 文書の意義

(1) どのような場面で使われるか

- 本書式は、写真撮影業務を委託する契約書である。本書式では、納品する写真に対して対価が支払われる約定となっているので、請負契約である。同じく写真撮影業務を委託する契約でも、一定の場所において一定量の撮影という役務提供に対して対価が支払われる約定となると、準委任契約となる。

(2) 類似の書面との異同

- 写真に関する契約書として、書式 **74** に写真の著作物利用許諾契約書があるが、同書式は著作物としての写真の権利に関する契約であるのに対し、本書式は写真の納品という役務・成果物を求める契約である。本書式では、著作物としての写真の著作権は、当初から業務主体たる委託者に帰属することが予定されている。

2 標準的な記載事項

- 委託業務の内容。本契約では、一定期間中撮影した写真を納品することである。
- 委託業務の納期。本契約では、一定期間中撮影した写真を常に納品することとなっているので、契約期間がこれに当たる。
- 委託業務の代金の金額、その支払の時期や方法
- 委託業務の結果制作された成果物の権利帰属。当初から委託者に帰属することが予定されている。

-- 印 紙 税 --

◢ 結論

120万円を記載金額とする第2号文書（請負に関する契約書）に該当し、400円の印紙税が課税される。

◢ 解説（印紙税重要事項の解説 **3**、**5** 参照）

営業者間において請負に関する二以上の取引を継続して行うため作成される契約書で、目的物の種類、対価の支払方法等を定めるものであるから、第2号文書と第7号文書に同時該当するが、契約金額（毎月20万円×6か月＝120万円）の記載があるこ

とから、通則 3 のイの規定により、第 2 号文書に所属が決定される。

第11章

M＆A・事業提携・事業再編 に関する文書

基本合意書（事業譲渡）

事業譲渡に関する基本合意書

譲渡人○○○○（以下「甲」という。）と譲受人○○○○（以下「乙」という。）は、以下のとおり事業譲渡に関する基本的合意をする。

第1条　事業譲渡の基本合意

　　甲及び乙は、甲が乙に対し甲の商品○○（以下「本件商品」という。）の製造事業、卸売事業及び小売事業（以下「本件事業」という。）を譲渡し乙がこれを譲り受けること（以下「本件事業譲渡」という。）について、基本的に合意し、以後最終的な事業譲渡の契約（以下「最終契約」という。）に向けて双方誠実に協議することについて合意した。

第2条　譲渡日

　　譲渡日は、令和○年○○月○○日を目処とし、最終契約において決定する。

第3条　譲渡資産

　　本件事業譲渡において甲が乙に対し譲渡する資産（以下「譲渡資産」という。）は、概ね譲渡日現在における本件事業に関する現預金以外のすべての資産とし、詳細は最終契約において決定する。

第4条　引受負債

　　本件事業譲渡において乙が甲より免責的に引き受ける負債（以下「引受負債」という。）は、概ね譲渡日現在における本件事業に関する買掛金及び未払費用の全部とし、詳細は最終契約において決定する。

第5条（承継契約）

　　本件事業譲渡において乙が甲より承継する契約（以下「承継契約」という。）は、概ね譲渡日現在に有効に存続する本件事業に関するすべての契約とし、詳細は最終契約において決定する。

第6条（従業員等の取扱い）

　　本件事業譲渡に伴い、乙は、譲渡日現在で甲において本件事業に従事する従業員のうち乙への就職を希望する者を、甲からの退職を条件として、乙及び当該従業

員の合意する新規の労働契約によって雇用するものとする。

第7条 (譲渡対価)

　　本件事業譲渡の対価は、金20,000,000円 (消費税別) を目安とし、最終契約にお
いて決定する。

第8条　基本合意の効力

　　本基本合意は、法的拘束力を有せず、最終契約その他何らかの契約の予約契
約ではない。最終契約の締結が不能となる事情が明らかとなった場合、本基本合
意は甲又は乙のいずれかより、相互に損害賠償義務を負うことなく白紙解約するこ
とができる。

　　(以下略)

　　令和○年○○月○○日
　　甲　○○○○○　㊞　　　　　　　　乙　○○○○○　㊞

解 説

1　文書の意義

(1) どのような場面で使われるか

- 本契約書は、事業譲渡の契約交渉段階で締結される基本合意書である。Ｍ＆Ａ
  などの複雑な契約の交渉において、契約が締結される以前の途中段階で、そこま
  でに交渉で決定した大枠の合意内容について今後はそれを基礎とすることを確認し
  たい際に用いられる書面である。多くの場合は法的拘束力を持たず、基本合意に
  反する条件交渉をしようとしたら交渉が破談になるという事実上の効果があるだけ
  で、契約書でも、契約の予約 (一方の意思表示で自動的に契約が成立するもの) の成立を
  証明する文書でないものである。事情によっては、基本合意書に基づく契約交渉
  を進める義務、及び他の当事者と同様の契約交渉を行わない義務 (独占交渉権の設
  定) などが定められる場合があり、これらの義務に反した場合の損害賠償義務が定
  められることがある。
- 基本合意書は、事業譲渡・Ｍ＆Ａに限らず、契約交渉中に段階的に大枠の合意
  内容を確認しておきたいときは、応用することができる。Ｍ＆Ａ分野での株式譲
  渡契約や (書式 83)、出資契約 (書式 84)、合弁契約 (書式 87) の交渉段階のほか、
  共同開発契約やライセンス契約の交渉段階でも用いられることがある。もっとも、

実務上はＭ＆Ａ分野での活用が多いようである。

(2) 類似の書面との異同

- 本書式は、契約交渉段階で締結される法的拘束力のない基本合意である。法的効力を発生させる本契約には、書式 **82** の事業譲渡契約書を用いる。

2 標準的な記載事項

- 締結を目指すべき契約について、基本的に合意した条件。本書式では第１条から第７条がこれに当たるものであり、書式 **82** と対応しているので、その合意の程度について比較されたい。この部分について、別の契約書の内容 (例えば、書式 **83** の株式譲渡契約の第１条から第３条) に置き換えれば、その契約の交渉段階の基本合意書になる。
- 基本合意書の効力。通常は、「法的拘束力を有しない」「自由に白紙解除できる」などの文言で、法的拘束力がないことが表現される。
- 基本合意書に基づく契約交渉を進める義務を定め、これに違反した場合は損害賠償義務を負うという形で法的拘束力を持たせることがある。
- 他の当事者と同様の契約交渉を行わない義務 (独占交渉権の設定) を定め、これに違反した場合は損害賠償義務を負うという形で法的拘束力を持たせることがある。

・・・・・・・・・・・・・・・・・・・・・・・・・・・・・・ 印 紙 税 ・・・・・・・・・・・・・・・・・・・・・・・・・・・・

◪ 結論

課税文書には該当しない。

◪ 解説

契約の交渉段階で作成される文書であり、第８条の約定からみて、契約成立又は契約の予約を証明する目的で作成する文書ではないことから、印紙税法上の契約書には該当しないと考える。

82 事業譲渡契約書

事業譲渡契約書

　譲渡人○○○○（以下「甲」という。）と譲受人○○○○（以下「乙」という。）は、以下のとおり事業譲渡契約を締結する。

第1条　事業譲渡の基本合意

　　甲は、乙に対し、甲の商品○○（以下「本件商品」という。）の製造事業、卸売事業及び小売事業（以下「本件事業」という。）を譲渡し、乙はこれを譲り受ける。

第2条　譲渡日

　　譲渡日は、令和○年○○月○○日とする。

第3条　譲渡資産

　　本件事業譲渡において甲が乙に対し譲渡する資産（以下「譲渡資産」という。）は、概ね譲渡日現在における以下の資産とし、詳細は末尾別表のとおりとする。

　(1)　本件事業に関する売掛金債権の全部

　(2)　本件事業に関する本件商品その他の棚卸資産（商品・製品・仕掛品等）の全部

　(3)　本件事業に関する建物付属設備、機械装置、工具器具備品、造作の全部

　(4)　本件事業に関するコンピュータシステム、ネットワークシステム、ソフトウェアの全部

　(5)　本件事業に関する賃貸借契約の差入保証金及び敷金返還請求権の全部

第4条　引受負債

　　本件事業譲渡において乙が甲より免責的に引き受ける負債（以下「引受負債」という。）は、概ね譲渡日現在における以下の負債とし、詳細は末尾別表のとおりとする。

　(1)　本件事業に関する取引先に対する支払期日の到来していない買掛金及び未払費用の全部

　(2)　本件事業に関する従業員に対する支払期日の到来していない未払給与及び預り金の全部

第5条　承継契約

　　本件事業譲渡において乙が甲より承継する契約（以下「承継契約」という。）は、概ね譲渡日現在有効に存続する本件事業に関する以下の契約とし、詳細は本契約書に添付の別紙のとおりとする。

　　(1)　本件事業に関する原料仕入先との契約の全部

　　(2)　本件事業に関する卸売先との契約の全部

　　(3)　本件事業に関する不動産賃貸借契約の全部

　　(4)　本件事業に関するリース契約の全部

　　(5)　その他甲乙協議のうえ指定する契約

第6条　従業員等の取扱い

　　本件事業譲渡に伴い、乙は、譲渡日現在で甲において本件事業に従事する従業員のうち乙への就職を希望する者を、甲からの退職を条件として、乙及び当該従業員の合意する新規の労働契約によって雇用するものとする。

第7条　譲渡価格

　1　本事業の譲渡の対価は、2000万円（消費税別）とする。

　2　乙は、甲に対し、前項の対価を、令和○年○○月○○日限り、甲の別途指定する銀行口座に振り込んで支払う。

第4条　引渡時期及び方法

　　（以下略）

　　令和○年○○月○○日

　　甲　　○　○　○　○　㊞　　　　　　　乙　　○　○　○　○　㊞

解　説

1　文書の意義

(1) どのような場面で使われるか

• 本書式は、事業譲渡の契約書である。事業譲渡は一定の事業に関連する個々の資産の譲渡、負債の引受、契約の承継の集合体であり、事業譲渡契約はこれらの譲渡・引受・承継の総則を決定する契約としての意義を有する。

• 事業譲渡は有償で行われる場合が多いが、価値のある資産が乏しかったり負債が多かったり収益が少なかったりする「赤字」の事業の譲渡の場合は、無償で行われ

ることもある。

（2）類似の書面との異同

- 本契約は、事業譲渡の最終契約であり、法的拘束力を有するものである。書式 **81** は、同様の内容が定められているが、法的拘束力を有しない、契約交渉の途中段階での大枠の確認の合意書である。

- Ｍ＆Ａにおいて、会社そのものを譲渡する場合には書式 **83** の株式譲渡契約を用い、会社そのものは譲渡せずその有する事業のみを譲渡する場合には本書式の事業譲渡契約を用いる。

- 対象会社の事業の一部を取得する場合の手法としては、本書式の事業譲渡のほか、書式 **86** の会社分割がある。事業譲渡による場合、対象会社の特定の資産・負債・契約が取得会社に承継される。会社分割による場合、対象会社は取得会社に対して、対象となる事業に関連する権利義務のすべてを包括的に承継（相続と同様のイメージ）することになる。

2 標準的な記載事項

- 譲渡の対象となる事業の特定。具体的な譲渡の内容は、以下に述べるとおり、譲渡資産、引受負債、承継契約の特定によって決定するので、事業の特定は大まかに事業のタイトルで行う。

- 譲渡日。譲渡資産、引受負債、承継契約の対象は、最終的にはこの時点で特定されるのが通常である。

- 譲渡の対象となる資産の特定、及びその資産の譲渡に関する対抗要件の具備方法。不動産、動産、知的財産権、債権などあらゆる資産が対象となり得る。それぞれの資産について、特定の具体的方法、及び対抗要件の具備方法については、それぞれの書式（不動産については書式 **11** など、動産については書式 **30** など、知的財産権については書式 **35** 及び書式 **75**、債権については書式 **7**）を参照されたい。

- 引受けの対象となる負債の特定。特定の具体的方法については免責的債務引受契約の項（書式 **91**）を参照されたい。

- 承継の対象となる契約の特定。契約の特定は、契約当事者、契約の名称、契約日で行うのが通常である。

- 雇用の承継の有無と範囲。承継する場合、雇用契約そのものを承継する場合と、譲渡会社で一旦退社し譲受会社で新たに雇用する場合がある。

- 譲渡代金がある場合は、金額、その支払の時期や方法

- 譲渡対象となる事業に関する資料の引渡しなどがあれば、その手続

- 譲渡後に、譲渡対象となった事業を継続するための、事業上の協力などのアフターサービスが定められることもある。
- 対象となる事業の内容について、譲渡人が表明し保証する。
- 対象となる事業について、譲渡人の表明保証の違反などの契約不適合（改正前民法の「瑕疵」）があった場合の責任や処理。追完、代金減額、損害賠償、解除などの効果を定める。

印 紙 税

結論

　2千万円を記載金額とする第1号の1文書（営業の譲渡に関する契約書）に該当し、2万円の印紙税が課税される。

83 株式譲渡契約書

株式譲渡契約書

　売主○○○○（以下「甲」という。）と買主○○○○（以下「乙」という。）は、以下のとおり株式譲渡契約を締結する。

第1条　株式の譲渡

　　甲は、本日、乙に対して、甲の保有する○○○○株式会社の株式100株を、第2条記載の価格で売り渡し、乙はこれを買い受ける。

第2条　譲渡価格

　　譲渡価格は、1株当たり50,000円、合計5,000,000円とする。

第3条　代金支払

　　乙は、甲に対し、第2条の譲渡価格を、令和○年○○月○○日限り、甲の別途指定する銀行口座に振り込んで支払う。

第4条　費用清算

　　（以下略）

　令和○年○○月○○日

　甲　　○　○　○　○　　㊞　　　　　　乙　　○　○　○　○　　㊞

解　説

1　文書の意義

(1) どのような場面で使われるか

- 本書式は、株式の売買の契約書である。新株予約権の譲渡も、本書式を応用できる。
- 株式譲渡は、有償で行われる場合が多いが、価値のある資産が乏しかったり負債が多かったり収益が少なかったりする「赤字」の会社の株式の譲渡の場合は、無償で行われることもある。

(2) 類似の書面との異同

- M＆Aにおいて、会社そのものを譲渡する場合には本書式の株式譲渡契約を用い、会社そのものは譲渡せずその有する事業のみを譲渡する場合には、書式 **82** の事業譲渡契約を用いる。
- M＆Aに限らず会社の組織再編において、対象会社の全事業を取得する場合の手法としては、本書式の株式譲渡のほか、書式 **85** の合併がある。株式譲渡による場合、対象会社は取得会社の子会社になる。合併による場合、対象会社は取得会社に権利義務のすべてを包括的に承継（相続と同様のイメージ）して、消滅することになる。

2 標準的な記載事項

- 売買の対象となる株式の特定。株式の特定は、株主、株式の種類、株数です。
- 売買代金がある場合は、金額、その支払の時期や方法
- 株式譲渡の対抗要件（買主が第三者に対して自己の権利を確定的に主張するための要件）は株主名簿の登録であり、その手続の手順が定められる。
- 株券が存在する場合は、その引渡しの時期や方法
- 対象会社の内容について、譲渡人が表明し保証する。
- 対象会社について、譲渡人の表明保証の違反などの契約不適合（改正前民法の「瑕疵」）があった場合の責任や処理。追完、代金減額、損害賠償、解除などの効果を定める。

・・・・・・・・・・・・・・・・・・・・・・・・・・・・・・・・・・・・・・・ 印 紙 税 ・・・・・・・・・・・・・・・・・・・・・・・・・・・・・・・・・・・・・・・

◢ 結論

課税文書には該当しない。

◢ 解説

有価証券の譲渡に関する契約書は、以前は課税されていたが、1989（平成元）年4月1日以降作成するものから課税が廃止されている。

84 出資契約書

出資契約書

　出資者○○○○（以下、「甲」という。）、発行会社の100％株主である○○○○（以下、「乙」という。）及び○○○○株式会社（以下、「発行会社」という。）は、甲による発行会社の普通株式（以下、「本株式」という。）の取得に際し、次のとおり出資契約（以下、「本契約」という。）を締結する。

第1章　本契約の目的、払込手続等

第1条　本契約の目的

　1　本契約は、甲による本株式の取得の手続、条件等について定める。

　2　本契約に基づく甲の出資後、甲及び乙は、別途株主間契約を締結して、発行会社の組織・運営に関する条件を定める。

　3　本契約と、前項の株主間契約との間で矛盾又は抵触が生じた場合には、本契約を優先して適用する。

第2条　本株式の発行及び取得

　発行会社は下記のとおり甲に対して新株発行を行い、甲はこれを引き受ける。

　(1)　発行新株式数　　普通株式　　　400株

　(2)　払込金額　　　1株につき金50,000円（合計20,000,000円）

　(3)　払込期日　　　令和○年○○月○○日

　(4)　増加する資本金　　資本金　10,000,000円

　　　　　　　　　　　　（なお、10,000,000円は資本準備金とする。）

　(5)　割当の方法　　　第三者割当

第3条　払込手続

　1　甲は、払込期日までに本株式の払込金額総額を、乙の別途指定する銀行口座への振込送金の方法により支払う。

　2　前項により甲が払込を行った場合、発行会社は、甲に対し速やかに、甲の保有する株式にかかる株主名簿記載事項証明書を交付する。

第4条　前提条件

　　甲の第3条第1項に定める払込義務は、甲が書面により放棄しない限り、以下のすべての条件が充足されることを条件とする。

　(1)　（略）

　(2)　（略）

第2章　発行会社の組織・運営に関する事項

　（以下略）

令和〇年〇〇月〇〇日

甲　　〇　〇　〇　〇　印　　　　　　　乙　　〇　〇　〇　〇　印

解　説

1　文書の意義

(1) どのような場面で使われるか

- 本書式は、第三者割当の新株発行を引き受けることによって会社に出資をする場合の契約書である。

- 出資契約は、基本的には「出資の内容」と「出資後の複数株主の権利関係」を定める契約である。「出資の内容」としては、新たな株式による資金調達の必要がなければ、すでに発行されて第三者の保有している株式を購入する方法をとるケースもある。

(2) 類似の書面との異同

- すでに発行されて第三者の保有している株式を購入することによって会社に出資をするケースでは、書式 83 の株式譲渡契約の要素が加わってくる。

- 出資後の会社について、株主となる者の権利関係が定められる点は、書式 87 の合弁会社設立契約と同様である。

2　標準的な記載事項

- 出資対象たる会社の特定

- 出資の方法及び内容。第三者割当の場合は、発行する株式の種類及び数、株数、発行価額、増加する資本金など。株式譲渡の場合は、譲渡する株式の種類及び数、譲渡代金など

- 対象会社の内容について、譲渡人が表明し保証する。
- 対象会社について、譲渡人の表明保証の違反などの契約不適合(改正前民法の「瑕疵」)があった場合の責任や処理。追完、損害賠償、解除などの効果を定める。
- 出資後の対象会社の組織・運営に関する事項。この内容は書式 **87** の合弁会社設立契約書の記載事項と同様になるので、同書式の解説を参照されたい。別途「株主間契約」を締結する場合もある。

.... 印 紙 税 ....

◢ 結論

課税文書には該当しない。

◢ 解説

出資関係文書で印紙税が課税されるのは、出資証券に限られている。

85 合併契約書

合併契約書

　株式会社○○○○ (以下、「甲」という。) 及び株式会社○○○○ (以下、「乙」という。) は、両社の合併 (以下「本件合併」という。) に関し、以下のとおり合併契約 (以下、「本契約」という。) を締結する。

第1条　合併の方法
　　甲及び乙は、甲を存続会社、乙を消滅会社として吸収合併する。

第2条　当事者の商号及び住所
　　合併当事会社の商号及び住所は、以下のとおりである。
　　　吸収合併存続会社：(商号) 株式会社○○○○
　　　　　　　　　　　　(住所) 東京都○○○○
　　　吸収合併消滅会社：(商号) 株式会社○○○○
　　　　　　　　　　　　(住所) 東京都○○○○

第3条　効力発生日
　　本件合併がその効力を生ずる日 (以下、「効力発生日」という。) は、令和○年4月1日とする。ただし、合併手続の進行に応じ必要があるときは、甲及び乙は、協議のうえ、これを変更することができる。

第4条　合併に際して交付する対価
　1　甲は、本件合併に際して、乙の株主に対して、その有する乙の株式に代わる金銭等として、甲の自己株式○○○○株を交付する。
　2　甲は、前項の株式を、第3条に定める効力発生日直前の乙の株主名簿に記載された乙の株主に対して、乙株式1株に対して、甲株式4株の割合で割当交付する。

第5条　資本金及び準備金の額
　　本件合併により変動する甲の資本金及び準備金の額は、以下のとおりとする。
　　　資　本　金：10,000,000円
　　　利益準備金：　5,000,000円

第6条　会社財産の管理等

　　甲及び乙は、本契約締結後効力発生日に至るまで、善良なる管理者の注意を
もってそれぞれの業務及び財産の管理運営を行い、本件合併に重大な影響を及ぼ
す事項を行うときは、別途協議のうえ、相手方の同意を得て行うものとする。

第7条　会社財産の承継

　　甲は、効力発生日において、乙の資産負債及びこれらに付随する一切の権利義
務を承継する。

第8条　本契約の解除等

　　本契約締結後効力発生日に至るまでの間に、不可抗力その他の事由により、甲
又は乙の財産又は経営状態に重大な変動が生じたときは、甲及び乙は、協議のう
え、本契約の条件を変更し、又は本契約を解除することができる。

第9条　本契約の効力

　　本契約は、甲若しくは乙の株主総会における本契約の承認、又は本契約につい
て必要な法令に基づく関係官庁等の承認や許認可等が得られなかった場合は、そ
の効力を失う。

　　（以下略）

　　令和〇年〇〇月〇〇日

　　甲　　〇　〇　〇　〇　㊞　　　　　　　乙　　〇　〇　〇　〇　㊞

解　説

1　文書の意義

(1) どのような場面で使われるか

- 本書式は、会社法に基づく会社の合併の際に、法定の事項を定める合併契約書で
ある。
- 合併には、吸収合併と新設合併の二種類がある。吸収合併は、一方の会社が他
の会社に権利義務のすべてを承継して消滅するものである。新設合併は、2社以
上の会社が新たに設立する会社に権利義務のすべてを承継して消滅するものであ
る。実務上、新設合併はあまり用いられていない。本書式は、吸収合併のものである。
- 合併は、主にグループ会社内での組織再編に用いられる。M＆Aにおいて他の
会社グループに属する会社を吸収合併することも可能であるが、手続が煩雑である

ことと、当事者となる両会社の権利関係が混在して混乱が生じるのを避けるため、実務上は、まず株式譲渡によって買収先が子会社化し、その後必要に応じて合併などの組織再編を行うことが多い。

(2) 類似の書面との異同

- 対象会社の全事業を取得する場合の手法としては、本書式の合併のほか、書式 **83** の株式譲渡が代表的である。株式譲渡による場合、対象会社は取得会社の子会社になる。合併による場合、対象会社は取得会社に権利義務のすべてを包括的に承継（相続と同様のイメージ）して、消滅することになる。
- 対象会社の全事業を取得する場合には本書式の合併が用いられ、事業の一部を取得する場合には書式 **86** の会社分割が用いられる。

2 標準的な記載事項

(1) 必須の記載事項

　合併契約書の記載事項は厳密に法定されているので、作成の際には法の規定と照らし合わせてチェックしていく必要がある。ここでは吸収合併（会社法748条）の必要的記載事項の概要を示す。

- 当事者の商号、住所（会社法749条1項1号）
- 吸収合併消滅会社の株主に対して交付される吸収合併の対価と、株主への割当てに関する内容（会社法749条1項2号・3号）
- 吸収合併消滅会社の新株予約権者に対して交付される吸収合併存続会社の新株予約権又は金銭の内容と、新株予約権者への割当に関する事項（会社法749条1項4号・5号）
- 吸収合併の効力発生日（会社法749条1項6号）

.... 印 紙 税 ....

▨ 結論

第5号文書（合併契約書）に該当し、4万円の印紙税が課税される。

▨ 解説

　印紙税が課税される「合併契約書」とは、会社法上又は保険業法に規定する合併契約を証する文書に限られている。したがって、農業協同組合等の会社以外の法人が合併する際に作成される合併契約書は、これには該当しない。

86 会社分割契約書

会社分割契約書

分割会社○○○○株式会社（以下「甲」という。）と承継会社○○○○株式会社（以下「乙」という。）は、甲の○○○○事業（以下「本事業」という。）を分割し乙が吸収する吸収分割について、以下のとおり会社分割契約を締結する。

第1条　目的

甲は、本事業を分割して、乙に承継させる（以下「本件会社分割」という。）。

第2条　分割に際して増加する株式数、自己株式の割り当て

乙は、本件会社分割に際して、株式数を増加させず、保有する自己株式○○株を甲に割り当てる。

第3条　分割により増加すべき乙の資本金及び準備金等に関する事項

乙は、本件会社分割に際して、資本金、資本準備金、利益準備金、任意準備金、その他の留保利益を増加させない。

第4条　分割交付金

乙は、本件会社分割に際して、甲に対して分割交付金を交付しない。

第5条　承継する権利義務

乙は、分割に際し、次の対象資産、対象負債及び対象契約を甲より承継する。対象負債の承継は、分割期日をもって併存的債務引受を行う方法によるものとする。

(1) 対象資産　別紙対象資産目録に記載のとおり

(2) 対象負債　別紙対象負債目録に記載のとおり

(3) 対象契約　別紙対象契約目録に記載のとおり

第6条　対象資産及び対象負債の評価

乙が甲から承継する対象資産及び対象負債の評価は、令和○年○○月○○日現在の貸借対照表及び同日現在の計算を基礎とし、これに分割期日までの一切の増減を加味して行う。

第7条　分割期日

（以下略）

令和〇年〇〇月〇〇日

甲　〇　〇　〇　〇　㊞　　　　　　乙　〇　〇　〇　〇　㊞

解　説

1　文書の意義

(1) どのような場面で使われるか

- 本書式は、会社法に基づく会社分割の際に、法定の事項を定める分割契約書である。

- 会社分割には、吸収分割と新設分割の二種類がある。吸収分割は、一方の会社が、他の会社に、事業に関して有する権利義務の全部又は一部を承継させるものである。新設分割は、単独又は複数の会社が、新たに設立する会社に、事業に関して有する権利義務の全部又は一部を承継させるものである。実務上、新設分割はあまり用いられていない。本書式は、吸収分割のものである。

- 会社分割は、主にグループ会社内での組織再編に用いられる。M＆Aにおいて吸収分割によって他の会社グループに属する会社を吸収することも可能であるが、両会社の権利関係が混在して混乱が生じるのを避けるため、実務上は、まず会社分割で完全子会社してから株式譲渡によって買収先が子会社化し、その後必要に応じて合併などの組織再編を行うことが多い。

(2) 類似の書面との異同

- 対象会社の事業の一部を取得する場合の手法としては、本書式の会社分割のほか、書式 **82** の事業譲渡がある。事業譲渡による場合、対象会社の特定の資産・負債・契約が取得会社に承継される。合併による場合、対象会社は取得会社に対して、対象となる事業に関連する権利義務のすべてを包括的に承継（相続と同様のイメージ）することになる。

- 対象会社の全事業を取得する場合には書式 **85** の合併が用いられ、事業の一部を取得する場合には本書式の会社分割が用いられる。

2　標準的な記載事項

会社分割契約書の記載事項は厳密に法定されているので、作成の際には法の規定

と照らし合わせてチェックしていく必要がある。ここでは吸収分割（会社法757条）の必要的記載事項の概要を示す。

- 当事者の商号、住所（会社法758条1号）
- 吸収分割承継会社に承継される吸収分割会社の権利義務の内容（会社法758条2号）
- 吸収分割会社又は吸収分割承継会社の株式を吸収分割承継会社に承継させるときは、その株式に関する事項（会社法758条3号）
- 吸収分割会社に対して交付される吸収分割の対価の内容（会社法758条4号）
- 吸収分割会社の新株予約権者に交付される吸収分割承継会社の新株予約権の内容と、新株予約権者への割当に関する事項（会社法758条5号・6号）
- 吸収分割の効力発生日（会社法758条7号）
- 吸収分割会社が、吸収分割の対価である吸収分割承継会社の株式を株主に承継させる場合にはその旨（会社法758条8号）

······················ 印 紙 税 ······················

 結論

第5号文書（吸収分割契約書）に該当し、4万円の印紙税が課税される。

合弁会社設立契約書

合弁会社設立契約書

　○○○○（以下「甲」という。）と○○○○（以下「乙」という。）は、○○○○事業（以下「本事業」という。）を遂行するため、合弁会社として○○○○株式会社（以下「丙」という。）を設立し運営する件について、以下のとおり合弁会社設立契約を締結する。

第1条　甲及び乙の義務
　1　甲は、丙に対し、本契約に基づき、本事業に関する○○○○技術の提供、必要な人員の出向、及び資金提供を行い、本事業遂行に必要な支援を行う。
　2　乙は、丙に対し、本契約に基づき、本事業に関する○○○○技術の提供、必要な人員の出向、及び資金提供を行い、本事業遂行に必要な支援を行う。

第2条　丙の設立に関する基本事項
　1　丙の商号は「○○○○株式会社」とし、本店は東京都千代田区に置き、公告は官報によるものとする。
　2　丙の目的は以下のとおりとする。
　（1）　○○○○事業
　（2）　前各号に付帯する一切の事業
　3　丙の発行可能株式総数は4,000株とし、設立に際して発行する株式の総数は1,000株とする。
　4　（略）

第3条　設立
　1　甲及び乙は、令和○年○○月○○日を設立日として、丙を設立する。
　2　丙が設立に際し発行する株式の発行価額は、1株につき10,000円とする。
　3　丙が設立に際し発行する株式の引き受けは、甲が設立に際して発行する株式の総数の60％である600株、乙が同40％である400株とする。
　4　甲及び乙は、令和○年○○月○○日に、第2項の1株の発行価額に第3項の株式数を乗じた金額を、払込取扱場所として別途指定する銀行口座に払い込む。

第4条　貸付

　　甲及び乙は、丙が金銭の貸付を要請した場合、50,000,000円を限度に丙に対して金銭の貸付の可否を検討するものとする。金銭の貸付を行う場合の負担割合は、甲が貸付額の60%、乙が40%とする。

第5条　役員及び取締役会

　(以下略)

　令和○年○○月○○日

　甲　　○　○　○　○　　印　　　　　　　　乙　　○　○　○　○　　印

解　説

1　文書の意義

(1) どのような場面で使われるか

- 本書式は、合弁会社の新規の設立に際して用いられる合弁契約書である。
- 合弁会社が成立するケースは、新規の設立のほかにも、既存の会社について、株式譲渡（書式 83）や第三者割当増資（書式 84）によって、新たな株主が加わることによっても起こり得る。いずれの場合も本書式の応用が可能である。

(2) 類似の書面との異同

- 書式 84 の出資契約でも、その後に株主となる者の権利関係が定められる点は本書式と同様である。

2　標準的な記載事項

- 合弁の目的、会社名、組織形態（株式会社・合同会社など）
- 合弁会社の機関設計、役員構成
- 合弁会社の意思決定方法。株主総会、取締役会などにおける意思決定のルール
- 合弁会社の事業運営方法。事業計画、合弁当事者と合弁会社との間の契約、資金調達の方法、剰余金の配当、合弁当事者や合弁会社の競業避止義務
- 合弁会社の株式の譲渡に関する制限
- 契約期間
- 契約の解除に関する事項

◢ 結論

課税文書には該当しない。

◢ 解説

会社の設立関係で課税されるのは、合併契約書又は吸収分割契約書若しくは新設分割計画書に限られており、これには該当しない。

第**12**章

金融取引に関する文書

金銭消費貸借契約書

　貸主○○○○（以下「甲」という。）と借主○○○○（以下「乙」という。）は、以下のとおり金銭消費貸借契約を締結する。

第1条　金銭消費貸借

　　甲は、本日、乙に対して、元金800万円を貸し渡し、乙はこれを受領した。

第2条　利息

　　本件消費貸借の利息は、元金に対し年○○％とする。

第3条　元金弁済及び利息支払

　1　乙は、甲に対し、第1条の借入金の元金を、以下のとおり分割して弁済する。

　　(1)　令和3年1月から令和3年10月まで毎月末日限り、金40万円

　　(2)　令和3年11月末日限り　金400万円

　2　乙は、甲に対し、第2条の利息を、前項の元金弁済日を利払日として、元金に対する前回の利払日からの経過分の利息を支払う。

　3　第1項の元金弁済及び利息の支払は、甲の別途指定する銀行口座に振り込んで支払う。

第4条　遅延損害金

　　乙が、第3条の元金弁済日を経過した時又は期限の利益を失った時は、以後完済に至るまで、乙は甲に対し、残元金に対する年14.6％の割合による遅延損害金を支払う。

第5条　期限の利益の喪失

　　（以下略）

　　令和○年○○月○○日

　　甲　　○　○　○　○　㊞　　　　　　　乙　　○　○　○　○　㊞

1　文書の意義

(1) どのような場面で使われるか

- 本書式は、金銭の貸付に際して用いる消費貸借契約書である。

(2) 類似の書面との異同

- 金銭消費貸借契約においては、借主が作成し、貸主を宛先として差し入れる「借用書」の形のものを実務上よくみる（銀行の契約書などは多くはこの形になっている）が、本書式のような双方調印の場合と法的効果は同じである。

- 確定金額を貸し付けるのではなく、一定額を限度に借入申込があった際に貸付を行うことを貸主が借主に対して約し、借主が借入申込をした場合に具体的な金銭消費貸借契約が成立する契約を、融資枠契約という。この場合、書式 **89-1** と **89-2** を使用する。

2　標準的な記載事項

- 貸付元本
- 利息
- 遅延損害金
- 元本返済期日・利払日
- 約定の返済がなされなかった場合などの、期限の利益の喪失

・・・・・・・・・・・・・・・・・・・・・・・・・・・・・・・　印　紙　税　・・・・・・・・・・・・・・・・・・・・・・・・・・・・・・・

◢ 結論

　800万円を記載金額とする第1号の3文書（消費貸借に関する契約書）に該当し、1万円の印紙税が課税される。

◢ 解説

　2021年1月31日までに作成される、新型コロナウイルス感染症等によりその経営に影響を受けた事業者に対して、公的貸付機関等又は金融機関が他の金銭の貸付けの条件に比べ特別に有利な条件で行う金銭の貸付けに際して作成される消費貸借契約書については、非課税措置が講じられている。

融資枠契約書

　貸主○○○○（以下「甲」という。）と借主○○○○（以下「乙」という。）は、以下のとおり金銭消費貸借に関する融資枠の設定契約を締結する。

第1条　融資枠の設定

　　甲は、乙に対し、以下の約定で融資枠を設定する。

　⑴　貸付極度額　　金30,000,000円

　⑵　借入申込可能期間　　令和2年4月1日から令和3年3月31日まで

第2条（金銭消費貸借の成立）

　1　乙は、借入申込可能期間中、甲に対し、別紙様式の借入申込書を提出して申し込みすることにより、当該借入申込書に記載の借入日において借入元本額の金銭消費貸借契約を成立させ、甲より借入れをすることができる。

　2　借入元本額は、貸付極度額より申込日現在の元本額（返済された元本額は除く。）を控除した金額以内の額とする。

　3　金銭消費貸借の条件は、以下のとおりとする。

　⑴　元本　　借入申込書記載の借入元本額

　⑵　利息　　年○○％（年365日日割計算）

　⑶　弁済期日及び弁済額　　令和5年3月31日限り　　元利全額

　⑷　弁済方法　　甲の指定する金融機関口座へ振込み（振込み手数料は乙負担）

第3条（遅延損害金）

　　乙は、弁済期日を徒過して弁済しなかった元本及び第4条により期限の利益を喪失した債務について、弁済を行うべき日の翌日から完済に至るまで、年14.6％（年365日日割計算）の割合による遅延損害金を支払う。

第4条　期限の利益の喪失

　　（以下略）

　　令和○年○○月○○日

　　甲　　○　○　○　○　　㊞　　　　　　乙　　○　○　○　○　　㊞

1 　文書の意義

(1) どのような場面で使われるか

- 本書式は、金銭の貸付に際して用いる消費貸借契約書の一種であるが、貸主が借主に対して極度額を限度に借入申込があった際に何度でも反復して貸付を行うことを約する基本契約 (リボルビング契約という) である。個別契約としての書式 **89-2** の借入申込書による借入申込によって、初めて具体的な金銭消費貸借契約が成立し、貸主には申込書記載の額の金銭を貸し付ける義務が生じ (ただし、期限の利益喪失事由など一定の事由が生じているときには免除される)、借主にはそれを約定どおり返済する義務が生じる。借主が元本を返済した場合、その額も融資枠が復活し、また借りることができる。本書式が基本契約書であり、書式 **89-2** の借入申込書が個別契約書となる。

- いわゆるカードローンは、性質的にはこれと同じ契約である。

(2) 類似の書面との異同

- 確定金額を貸し付ける場合は、書式 **88** の金銭消費貸借契約書を使用する。

- リボルビング契約でなく、貸付額が累計されて一定の金額 (融資枠) に達するまで貸し付ける (借主が元本を返済しても融資枠が復活しない) 融資枠契約も存在する。

2 　標準的な記載事項

- 貸付極度額
- 契約期間 (貸付が可能な期間)
- 借入申込の手続
- 利息
- 遅延損害金
- 元本返済期日・利払日
- 約定の返済がなされなかった場合などの、期限の利益の喪失

....　印　紙　税　............................

◢ 結論

　記載金額のない第1号の3文書 (消費貸借に関する契約書) に該当し、200円の印紙

税が課税される。

◢ 解説

　融資枠の範囲内で貸付けを反復して行うことを約するものである場合における、その融資枠の金額は、記載金額には該当しない。

　なお、貸付累計額が一定の金額（融資枠）に達するまで貸し付けることを約するものである場合における、その融資枠の金額は、記載金額に該当する。

甲株式会社〇〇〇〇　御中

借入申込書

　貴社との令和〇年〇〇月〇〇日付融資枠契約に基づき、以下のとおり金員を借り入れたく、申し込みます。

　　　借入元本額：金3,000,000円

　　　借　入　日：令和〇年〇〇月〇〇日

　　令和〇年〇〇月〇〇日

　　　　　　　　　　　　　　乙　〇　〇　〇　〇　㊞

解　説

1　文書の意義

(1) どのような場面で使われるか

- 本書式は、書式 89-1 の融資枠契約書とととともに用いられる個別契約書である。借入元本額と、借入日を特定して、具体的な金銭消費貸借契約を成立させるものである。書式 89-1 の融資枠契約書が基本契約書であり、本書式が個別契約書となる。

(2) 類似の書面との異同

- 書式 89-1 のような融資枠契約が締結されて、そこで借入申込の方法が決まってさえいれば、その方法が本書式のように書面である必要はない。いわゆるカードローンは融資枠契約であるが、この場合 ATM での引き出し行為が本書式の借入申込に相当する。

標準的な記載事項

- 借り入れる元本の金額
- 借入日。元本の金銭が貸主かう借主に対して交付される日であり、利息の起算日である。基本契約の定め方によっては、返済期日を借入日から決定するものもある。

·················· 印 紙 税 ··················

■ **結論**

　3億円を記載金額とする第1号の3文書（消費貸借に関する契約書）に該当し、印紙税額は10万円となる。

■ **解説**（印紙税重要事項の解説 2 参照）

　原契約書を引用していて、かつ、原契約書の第2条第1項の約定からみると、この申込書の提出により自動的に個別契約が成立することになると考える。したがって、この申込書は契約書に該当すると考える。

90 連帯保証契約書（根保証）

連帯保証契約書

　債権者○○○○（以下「甲」という。）と連帯保証人○○○○（以下「乙」という。）は、主債務者○○○○（以下「丙」という。）の甲に対する債務の連帯保証につき、以下のとおり連帯保証契約を締結する。

第1条　連帯保証

　　乙は、丙が甲に対して負担する一切の債務（以下「主債務」という。）を、極度額300万円の範囲内で、連帯して保証する。

第2条　主債務者からの情報提供

　　乙は、本契約に先立ち、丙より、次の事項に関する情報の提供を受けたことを確認する。

　⑴　丙の財産及び収支の状況

　⑵　丙が主債務以外に負担している債務の有無並びにその額及び履行状況

　⑶　丙が主債務について担保を提供するときは、その旨及びその内容

第3条　債権者からの情報提供

　1　乙が甲に対し、丙の主債務の元本、利息、違約金等の額及びこれらの不履行の有無について甲が情報の提供を求めた時は、甲は、甲の指定する方法により、乙に対し当該情報を提供するものとする。

　2　甲は、丙が期限の利益を喪失した場合、乙に対して、2か月以内にその旨を通知するものとする。

　（以下略）

　令和○年○○月○○日

　甲　　○　○　○　○　㊞　　　　　乙　　○　○　○　○　㊞

　丙　　○　○　○　○　㊞

1 文書の意義

(1) どのような場面で使われるか

- 本書式は、連帯保証契約の契約書である。保証には、特定の債務（例えば1本の貸金債務など）を主たる債務として保証するものと、一定の範囲に属する不特定の債務を主たる債務として保証する「根保証」とがある。本書式は、根保証の例である。

- 保証は、令和2年4月1日施行の民法改正で、規制に大きな変更があった。根保証では、主債務の額が想定外に大きくなって保証人が過酷な状況に置かれることがある。改正前民法においても、個人が保証人になる貸金等債務の根保証については、極度額（債務の額の上限）、元本確定期日（保証期間の制限）、元本確定事由（特別事情による保証の終了）などの制限があったが、上記民法改正で、個人が保証人になる根保証については、貸金等が含まれない場合でも、極度額の定めが必要となり、また一定の特別事情の場合には元本が確定することと定められた。なお、個人が事業用の債務を保証する場合、本書式にあるような主債務者からの情報提供や債権者からの情報提供がないと、保証の効力の全部又は一部が失われることも、上記民法改正で定められた。

- 本書式は、主債務を発生させる契約書とは別に、連帯保証人との間で契約書を作成するケースを想定している。連帯保証契約は、主債務者に何らの不利益を及ぼさないので、債権者と連帯保証人のみの契約で行うことができる。もっとも、実務上は、連帯保証人と主債務者には何らかの人間関係があるのが通常なので、主債務者の全く知らない場所で連帯保証契約が締結されることは稀で、主債務を発生させる契約書の中に連帯保証を盛り込むか、主債務を発生させる契約書と同時に調印されるかのいずれかが通常であろう。

(2) 類似の書面との異同

- 書式 **91** の免責的債務引受契約は、①免責的債務引受契約では引受人が連帯保証人ではなく主債務者となる、②免責的債務引受契約では従来の債務者が債務を免れる、という点が、本書式の連帯保証契約と異なる。

- また、債務引受には、従来の債務者が債務を免れる免責的債務引受のほかに、従来の債務者も併存して引き続き債務を負う（従来の債務者と引受人の連帯債務となる）併存的債務引受（「重畳的債務引受」ともいう）がある。併存的債務引受契約は引受人が連帯保証人ではなく連帯債務者となる点が、本書式の連帯保証契約と異なる。

2 標準的な記載事項

- 特定債権の保証の場合は、主債務の特定。債権の特定は、原則として、債権者、債務者、発生原因の契約と債権額で行う。
- 根保証の場合は、債権の範囲（原則として、債権者、債務者、発生原因の契約の種類などで指定する）、及び極度額。
- 連帯保証の意思表示。
- 民法改正後は、主債務者からの情報提供がなされたことの確認を求める文言が加えられることも増えると思われる。

······················· 印 紙 税 ·······················

◤ 結論

第13文書（債務の保証に関する契約書）に該当し、200円の印紙税が課税される。

免責的債務引受契約書

免責的債務引受契約書

　債権者○○○○ (以下「甲」という。)、債務引受人○○○○ (以下「乙」という。)、及び債務者○○○○ (以下「丙」という。) は、以下のとおり免責的債務引受契約を締結する。

第1条　債務の引受

　　乙は、甲が丙に対して負担する本契約締結日現在において負担する、甲丙間の令和○年○○月○○日付金銭消費貸借契約 (以下「原契約」という。) に基づく借入金債務300万円を、免責的に引き受け、丙に代わって弁済することを約し、丙はこれを承諾した。

第2条　債務の弁済

　　乙は、第1条の債務を、原契約の条件に従い、甲に弁済しなければならない。

第3条　関係書類の交付

　　丙は、本契約締結後遅滞なく、乙に対して、原契約のほか第1条の債務の弁済のために必要な書類等を引き渡すものとする。

第4条　求償

　　乙は第1条の債務の弁済後、弁済した債務に関し、丙に対して求償権の行使を含め一切の請求をしないことを確約する。

　　（以下略）

　令和○年○○月○○日

　甲　　○　○　○　○　　㊞　　　　　乙　　○　○　○　○　　㊞

　丙　　○　○　○　○　　㊞

1 文書の意義

(1) どのような場面で使われるか

- 本書式は、引受人（新たな債務者）が債務を引き受け、従前の債務者が債務を免れる、免責的債務引受の契約書である。

- 免責的債務引受は、債権者の同意がないと成立しない。引受人の債務の支払能力に問題があった場合、債権者の不利益となるからである。よって、免責的債務引受は、①債権者、引受人及び従前の債務者の3者間契約が原則となる。その他、直近の民法改正によって、②債権者と引受人で契約して、債権者が従前の債務者に対して通知した場合、③従前の債務者と引受人で契約して、債権者が承諾した場合にも、免責的債務引受を有効に行うことができることが定められた。

(2) 類似の書面との異同

- 債務引受には、従来の債務者が債務を免れる免責的債務引受のほかに、従来の債務者も併存して引き続き債務を負う（従来の債務者と引受人の連帯債務となる）併存的債務引受（「重畳的債務引受」ともいう）がある。この併存的債務引受は、従来の債務者に何らの不利益を及ぼさないので、債権者と引受人のみの契約で行うことができる。本書式において、従前の債務者丙の関与がなく債権者甲と引受人乙のみで契約が締結し、かつ従前の債務者丙に通知しないときは、なお併存的債務引受としての効力がないかが問題となろう。

- 書式 90 の連帯保証契約とは、①債務引受（免責的債務引受、併存的債務引受ともに）は引受人が連帯保証人ではなく主債務者となること、②免責的債務引受は従来の債務者が債務を免れることが異なる。

2 標準的な記載事項

- 引受の対象となる債務の特定。債務の特定は、債権者、債務者、発生原因の契約と債権額で行う。

- 免責的に債務を引き受ける旨の合意

◢ 結論

　第15文書（債務引受けに関する契約書）に該当し、200円の印紙税が課税される。
なお、「併存的債務引受契約書」も15号文書に該当する。

92 抵当権設定契約書

抵当権設定契約書

　末尾に署名押印する債権者、債務者及び抵当権設定者は、債権者と債務者の間の令和○年○○月○○日付金銭消費貸借契約に基づく貸金債務の担保のため、抵当権設定者所有の不動産に抵当権を設定することにつき、以下のとおり合意した。

第1条　抵当権設定

　　抵当権設定者は、債務者の債権者に対する以下の債務（以下「被担保債務」という。）の履行を担保するため、抵当権設定者が所有する別紙記載の不動産（以下「担保不動産」という。）に、債権者を抵当権者とする第1順位の抵当権（以下「本件抵当権」という。）を設定する。

　　　［被担保債務の表示］

　　　　債権者・債務者間の令和○年○○月○○日付金銭消費貸借契約に基づく以下の債務

　　　(1)　元本　　金3000万円

　　　(2)　利息　　年○○%（年365日日割計算）

　　　(3)　遅延損害金　年○○%（年365日日割計算）

　　　(4)　債務者　○○○○

第2条　抵当権設定登記手続

　　抵当権設定者は、本契約締結後直ちに、債権者を抵当権者とする本件抵当権の設定登記手続をしなければならない。

第3条　火災保険及び質権

　　抵当権設定者は、担保不動産中の建物につき、債権者の満足する内容の火災保険契約を付し、その保険金請求権上に、債権者のために被担保債務を同じくする質権を設定する。

　　（以下略）

　　令和○年○○月○○日

　　債権者　　○　○　○　○　　㊞　　　　　債務者　　○　○　○　○　　㊞

　　抵当権設定者　　○　○　○　○　　㊞

1　文書の意義

(1) どのような場面で使われるか

- 本書式は、被担保債務（本件の場合は貸金債務）の担保のために、不動産に抵当権を設定する契約書である。

- 抵当権は設定を登記・登録によって表示することを前提とするので、登記・登録の制度のない動産や債権には設定することができない。逆に、動産でも、登録のできる船舶、航空機、自動車や、特別に登記制度が準備された工場財団などには抵当権を設定することが制度上は可能である。もっとも、譲渡担保・所有権留保・リースなど別の方法による金融手段が発達しており、それらの方法のほうが自由度が高く便利な点が多々あるため、不動産のように頻繁に利用されてはいない。

(2) 類似の書面との異同

- 不動産に設定できる担保権には、抵当権のほかに根抵当権がある（その他、不動産質権、譲渡担保権などもあるが、実務上あまり用いられない）。根抵当権は、特定の被担保債務を担保するのでなく、一定の範囲の取引によって発生する不特定の債権を包括的に、極度額の範囲で担保するものである。根抵当権は、銀行が銀行取引等を包括的に担保する際に用いるのが典型的である。

2　標準的な記載事項

(1) 必須の記載事項

- 被担保債務の表示。債権の特定は、債権者、債務者、発生原因の契約と債権額で行う。

- 抵当権の目的物。不動産の特定は、不動産登記の表題部の記載事項で行う。土地の場合は「所在」「地番」「地目」「地積」である。建物の場合は「所在」「家屋番号」「種類」「構造」「床面積」である（戸建ての場合）。

- 登記手続の時期や処理。不動産の権利の対抗要件（抵当権者が第三者に対して自己の権利を確定的に主張するための要件）は登記であるので、その手続について定められる。

- 抵当権の目的物が建物である場合、その滅失により担保が不足することを防止するために、抵当権の目的物である建物に損害保険を付し、その保険金請求権上に質権を設定しておくことがある。

結論

課税文書には該当しない。

解説

　抵当権の設定に関する契約書は、以前は課税されていたが、1989（平成元）年4月1日以降作成するものから課税が廃止されている。

93

集合動産譲渡担保設定契約書

集合動産譲渡担保契約書

　末尾に署名押印する債権者、債務者及び譲渡担保権設定者は、債権者と債務者の間の令和○年○○月○○日付金銭消費貸借契約に基づく貸金債務の担保のため、譲渡担保権設定者の所有する動産を債権者に譲渡することにつき、以下のとおり合意する。

第1条　譲渡担保

　譲渡担保権設定者は、債務者の債権者に対する以下の債務（以下「被担保債務」という。）の履行を担保するため、譲渡担保権設定者の所有する以下の動産（以下「担保動産」という。）を、債権者に譲渡する。将来取得する担保動産については、各々取得時点において債権者に対する譲渡の効力が生じるものとする。

　　［被担保債務の表示］

　　　債権者・債務者間の令和○年○○月○○日付融資枠契約に基づく以下の債務

　　⑴　極度額　　金30,000,000円

　　⑵　債権の範囲　金銭消費貸借取引

　　⑶　債務者　　債務者

　　［担保動産の表示］

　　　東京都○○区○○　　○○番○○号の譲渡担保権設定者の工場内に所在する、以下の動産

　　⑴　○○製品

　　⑵　鋼板（○○ mm×○○ mm）

第2条（対抗要件具備）

　1　譲渡担保権設定者は、債権者に対し、本日、占有改定の方法により担保動産の引渡しを完了した。

　2　将来取得する担保動産については、譲渡担保権設定者は、各々取得時点において、債権者に対し、占有改定の方法により担保動産を引き渡す。

第3条　担保動産の処分

　　譲渡担保権設定者は、債務者が被担保債務の期限の利益を喪失し、又は債権者から販売を禁止する旨の通知のない限り、担保動産を譲渡担保権設定者の通常の業務により使用・加工し、通常の商取引に基づいて第三者に販売することができる。この場合、債権者は、販売される担保動産につき、第1条の譲渡担保を解除するものとする。

第4条　譲渡担保権の行使

　　債務者が期限の利益を喪失した場合、債権者は所有権に基づき担保動産を売却し、その売却代金を被担保債務の弁済に充当することができる。

　（以下略）

　令和○年○○月○○日

　債権者　　○　○　○　○　㊞　　　　　　債務者　　○　○　○　○　㊞
　譲渡担保権設定者　　○　○　○　○　㊞

解　説

1　文書の意義

(1) どのような場面で使われるか

- 本書式は、主債務（本件の場合は貸金債務）の担保のために、在庫品などの動産を集合的に捉えて譲渡担保権を設定する契約書である。

(2) 類似の書面との異同

- 権利を登録する制度のない動産を担保化する方法としては、民法上で質権という制度が存在するが、担保権者が目的物を占有して使用収益をできなくするので、事業用の商品や原材料の在庫を担保に入れる際には利用されない。取引債務を担保するために、あるいは取引に供する資金を調達するためには、当該取引に係る商品や原材料の在庫を集合的に捉えて、所有権を譲渡することによって担保権と機能させる譲渡担保が利用されることが一般的である。
- 個々の動産の購入資金の金融には、書式 **94** のファイナンスリースが用いられる。
- 同様の担保化は、取引にかかる売掛金などを集合的に捉えて、債権譲渡を行うこと（集合債権譲渡担保）でも行うことができる。書式 **7** の債権譲渡と本書式の中間のような書式になる。

2 標準的な記載事項

(1) 必須の記載事項

- 被担保債務の表示。債権の特定は、債権者、債務者、発生原因の契約と債権額で行う。
- 譲渡担保の目的物たる動産の特定。動産の特定は、名称、もし当該機械を完全に特定できる個体番号などがあればその記載、ない場合は所在場所など他の動産との区別ができる記載、数量などによって行う。また、目的物が代替物であって、種類と数量さえ条件を満たせば目的を達成する場合は、これらの条件が特定されていれば足りる。
- 引渡手続の時期や処理。動産の権利の対抗要件（抵当権者が第三者に対して自己の権利を確定的に主張するための要件）は引渡しであるが、事業の用に供する商品や原材料などの動産は担保権設定者が手元に置く必要があるので、占有改定という方法で引渡しがなされる。なお、入れ替わる在庫に都度譲渡担保権を設定するために、担保権設定者が取得する度に占有改定するよう定められる。
- 担保権設定者が事業の用に供する商品や原材料などの動産を譲渡担保に供した場合、担保権設定者はそれを販売などで処分しつつ事業を行う必要がある。そこで、通常の処分である限り、当該動産について譲渡担保権を解除して処分を許容することが定められる。
- 譲渡担保権の行使に関する事項

·· 印 紙 税 ··

◤ 結論

課税文書には該当しない。

◤ 解説

動産の譲渡担保契約書は、以前は課税されていたが、1989（平成元）年4月1日以降作成するものから課税が廃止されている。

◤ チェックポイント

譲渡する物件が不動産の場合は、第1号の1文書（不動産の譲渡に関する契約書）に該当する。

また、譲渡する物件が債権の場合は、第15号文書（債権譲渡に関する契約書）に該当する。

94

ファイナンスリース契約書

リース契約書

借主○○○○（以下「甲」という。）と貸主○○○○（以下「乙」という。）は、以下のとおりリース契約を締結する。

第1条　目的及び物件

　　乙は、甲が指定する○○○○（以下「丙」という。）から、下記の工作機械1台（以下「リース物件」という。）を購入して、甲に貸与（リース）する。

記（略）

第2条　期間及び更新

　1　リース期間は、甲が丙からリース物件の引渡しを受けた日から3年間とする。

　2　本リース契約は、リース期間内に解約できない。

第3条　物件の引渡し及び検査

　1　甲は、丙から引渡しを受けた後、直ちに引渡しを受けた物の性状を検査する。

　2　前項の検査の結果、何らかの問題があった場合、甲は直ちに丙に通知し、かつ、引渡しを受けてから1週間以内に、書面をもって乙に通知する。

　3　前項の通知がない場合、リース物件は、完全な状態で引き渡されたものとみなされる。

第4条　物件の瑕疵

（中略）

第7条　所有権の表示

　　乙は、リース物件に、乙の所有するリース物件である旨を表示することができる。

第8条　使用目的

　　甲は、リース物件を、○○○○の目的にのみ使用し、その他の目的のために用いない。

第9条　リース料

　　甲は、乙に対し、月額金165,000円（消費税込み）のリース料を、乙の指定する銀行口座に送金して支払う。

（中略）

第18条　損害賠償額の予定

1　前条の規定により乙が本リース契約を解除した場合は、甲は乙に対し残リース料全額相当額を損害賠償として支払うものとする。

2　乙が返還されたリース物件を売却した場合は、売却代金から売却費用を控除した金額を前項の損害賠償額から控除する。

第19条　リース物件の返還

1　リース期間が満了し、又は本リース契約が解除された場合、乙は、リース物件を自ら引上げ、又は甲に対して乙への引渡しを求めることができるものとする。

2　前項の場合において、乙が甲に引渡しを求めたときは、乙は自らの費用で、甲が指定する場所にリース物件を持参する。

（以下略）

令和○年○○月○○日

甲　　○　○　○　○　　㊞　　　　　　乙　　○　○　○　○　　㊞

解　説

1　文書の意義

（1）どのような場面で使われるか

- 本契約書は、ファイナンスリースの契約書である。ファイナンスリースは、賃貸借（書式 **36**）の形をとっているが、経済的には、リース物件の使用者がリース物件を購入するにあたっての購入資金の金融である。リース会社が使用者に代わって物件を購入して使用者に使用させつつ、その購入資金の元本及び利息の合計をリース料の総額として毎月のリース料の形で分割弁済させ、弁済完了までは担保としてリース物件の所有権をリース会社が保有する。したがって、毎月のリース料がリース物件の購入資金と利息の合計額から決定されること、リース期間中の解約が禁止されること、万一解約された場合には残リース期間のリース料全額を違約金として支払う必要があること（ただし、リース物件の残価値によって清算される）などの特徴を持つ。機械や自動車のほか、システム導入など、幅広い資産の購入資金を金融の対象とする手法として用いられている。

(2) 類似の書面との異同

- 書式 **36** の機械賃貸借契約、書式 **51** の自動車賃貸借契約は、購入資金の金融という実態を持たない点で、本書式のファイナンスリースと異なる。このような通常の賃貸借契約は「オペレーティングリース」と称する。

2 標準的な記載事項

(1) 必須の記載事項

- 賃貸の対象となる目的物の特定。機械などの動産の特定は、名称、もし当該機械を完全に特定できる個体番号などがあればその記載、ない場合は所在場所など他の動産との区別ができる記載、数量などによって行う。
- 使用目的が定められることもある。
- リース期間（賃貸期間）。ファイナンスリースの場合は、借主からの期間内の解約・返還が禁止される。
- リース料（賃料）の金額、その支払の時期や方法
- 賃貸開始時における目的物の引渡しの時期や方法
- 賃貸終了時における目的物の返還の時期や方法
- 賃貸期間中の借主の遵守事項
- 賃貸期間中の目的物に関する費用負担
- 目的物に目的物に契約不適合（改正前民法の「瑕疵」）があった場合の責任や処理
- 契約期間中に解除された場合の違約金。ファイナンスリースの場合は、残リース期間のリース料全額が違約金となる。

.... 印 紙 税 ....

◣ 結論

課税文書には該当しない。

◣ 解説

リース契約書で課税されるのは、土地の賃貸借の設定に関する契約書に限られている。

なお、動産等のリース契約書は、以前は課税されていたが、1989（平成元）年4月1日以降作成するものから課税が廃止されている。

■著者紹介―――――――――――――――――――――――――――――

小林 幸夫（こばやし　ゆきお）　税理士

　東京国税局消費税課長、品川税務署長、仙台国税局調査査察部次長、江戸川北税務署長等を歴任し、平成25年に退官。現在、税理士（東京税理士会日本橋支部所属）。
国税庁課税部勤務において長年にわたり印紙税事務を担当する。

【主な著書】
・『印紙税の実務対応』（共著）、税務経理協会、2019年
・『印紙税の課否判断と実務対応』（監修）、税務研究会、2019年
・『実務に活かす印紙税の実践と応用』（共同監修）、新日本法規、2018年

長谷川 卓也（はせがわ　たくや）　弁護士・弁理士・司法書士　　共永総合法律事務所

1996年　司法書士資格取得
2000年　弁護士登録（第二東京弁護士会）
2004年　弁理士登録
2012年　司法書士登録（東京司法書士会）
2015〜2018年　最高裁判所司法研修所　民事弁護教官
2005〜2015年　大宮法科大学院大学　非常勤講師（ジェンダーと法）
2010〜2011年　桜美林大学　非常勤講師（金融商品取引法）

【主な著書】
・『改訂増補 困ったときのくらしの法律知識Q＆A』（共著）、清文社、2015年
・『Q＆A 事業再生ハンドブック』（共著）、清文社、2012年
・『新版増補 すぐに役立つ 会社業務 各種契約書のつくり方』（共著）、清文社、2009年
・『新・破産法 手続と実務Q＆A』（共著）、清文社、2004年

文書分類の感覚がつかめる！
ビジネスシーン別 印紙税ハンドブック

2020年8月5日　発行

著　者　　小林 幸夫／長谷川 卓也 ©

発行者　　小泉 定裕

発行所　　株式会社 清文社　　東京都千代田区内神田1-6-6（MIFビル）
　　　　　　　　　　　　　　　〒101-0047　電話03(6273)7946　FAX03(3518)0299
　　　　　　　　　　　　　　　大阪市北区天神橋2丁目北2-6（大和南森町ビル）
　　　　　　　　　　　　　　　〒530-0041　電話06(6135)4050　FAX06(6135)4059
　　　　　　　　　　　　　　　URL http://www.skattsei.co.jp/

印刷：大村印刷㈱

ISBN978-4-433-73380-3